発達障害の教育相談

理解深化への手びき

久我 利孝

まえがき

「発達障害がある子どもとかかわるとき、どうして問題になるような言動をとるのかを理解できずに悩むことがよくあります」。これは、小学校で特別支援学級の担任をしているある先生から聞いた言葉です。

特別支援学校のコーディネーターとして、教室や家庭で、発達障害がある子どもたちと懸命に向き合っている先生方や保護者の方々から教育相談を受けていると、大きく分けて二つの悩みがあると感じます。一つは、「問題になるような言動に対して、どのように対処してよいかが分からない」という、**具体的な支援の方法にかかわる悩み**です。もう一つは、冒頭で引用したある特別支援学級の先生の言葉のように、「どうして問題になるような言動をとるのかが理解できない」という、**子ども理解にかかわる悩み**です。

前者の悩みに関しては、それを解決するようなさまざまな研修会が開催されたり、指導書が発行されたりしています。そして、研修会や指導書で分かりやすく示されることから、先生方や保護者の方々は、具体的な支援の方法を理解されてきたと感じます。しかし、後者の悩みに関しては、まだ、十分に解決されていないと感じます。

「発達障害がある子どもたちは、中枢神経系に何らかの要因による機能不全があり、そのために問題になるような言動をとる」と説明されることがあります。あるいは、「人の情報処理過程は、同時処理

と継次処理に大別され、例えば、高機能自閉症の子どもたちは、継次処理が苦手なので問題になるような言動をとる」と説明されることもあります。しかし、それらの話は、医学や生理学、あるいは、心理学等の専門的知識がないと、なかなか理解しにくい話です。

　また、問題になるような言動をとることについて、「障害の特性としての理解」もすすんでいます。「ＡＤＨＤの子どもたちは、多動性があるため、授業中に席を勝手に離れることがある」とか、「高機能自閉症の子どもたちは、特定なものへのこだわりがあるため、周りを困らせる言動をとることがある」とかいうものなどです。しかし「どうして多動性があるのか」、または「どうして特定なものへのこだわりがあるのか」という部分に関する理解は、十分に深まっていないと思います。

「嫌なことがあるとトイレに逃げ込み、12時間以上もトイレから出てこなかった自閉症の入所者の方に、この手技・手法を使ってアプローチを行い、一年間でトイレに閉じこもる時間が３時間程度に減りました」。これは以前ある県で開催された自閉症に関する研究大会の折り、施設の若い指導員の方が報告されていた事例です。

　一方、私が低学年の学級担任をしているとき「登校してから１時間目の授業になるまでの一連の流れ」に強いこだわりをもった小学１年生の自閉症の子どもがいました。そして、そのためにいろいろと困る事態が生じたことがありました。しかし、机上学習を中心にしたそれまでの授業を改め、「山で遊ぼう」という新たな授業を実施すると、その子どもは、「楽しくて少しでも早く山に行きたい」と、

その一連の流れへのこだわりを自ら捨てるという事例がありました。

この二つの事例をとおして私が言いたいことは、先にあげた先生方や保護者の方々の悩み、すなわち、具体的な支援の方法にかかわる悩みと子ども理解にかかわる悩みは、同時に解決を図っていきたいということです。

研究大会で発表された事例については「閉じこもる時間が3時間程度になったことはすばらしい。でも、自閉症の方は、どうして特定なものへのこだわりがあるのかということについての理解を深めると、トイレに閉じこもる行動をなくしてあげられるかもしれない」と思いました。小学1年生の子どもの事例でいえば、長年培ってきた「子ども理解」にもとづき、「それまで行っていた授業のあり様が、自閉症の子どもに不安を与えることが多く、その不安感からこだわりをもった」と私は理解しました。そのことが、「学級の子どもたちの興味・関心を大切にして、不安感を抱かない新しい授業を実施する」という具体的な支援の方法に結びつきました。そして、下線で示したように、「こだわりを自ら捨てる」という支援結果につながりました。

「具体的な支援の方法」は、「子ども理解」と切り離せないものだと考えます。どちらが欠けても発達障害がある子どもたちを健やかに育むことはできないと思います。

しかし、先に述べたように、子ども理解にかかわる話は、専門的な知識を必要とする場合が多く、理解がなかなか進みにくいと私は考えています。また、問題になるような言動を、障害の特性として理解するだけでは不十分であるとも考えています。そして、このよ

うに現状をとらえていることから、私は、発達障害に関する教育相談の依頼を受けると、主に、子ども理解にかかわる悩みに焦点を当てた話をするようにしてきました。それも、子どもたちと日々接し、相談に来られた方々と同じように悩み、理解しようと努力してきた一教師として、平易な言葉で語るようにしてきました。そのためか、「分かりやすい」という評価をいただくことが多く、また、深刻な表情で相談に来られた保護者の方や先生が、晴れやかな表情になって帰っていかれることも少なくありません。

そこで、私が教育相談などの際にしている話をまとめてみようと考えました。そして、本書のタイトルを、「発達障害の教育相談」とつけることにしました。また、以下の手順にしたがって話を進めることにしました。

第1章では、発達障害がある子どもたちの「中枢神経系（脳）の機能不全とはいったいどのようなものなのか」を、本や経験から学んだことをもとに解説しようと思います。

第2章では、第1章の話をもとに、「どうしてそのような言動をとるのか」を解説し、それぞれの言動に対する支援のポイントをまとめようと思います。

第3章では、子ども理解の重要性と限界、及び、その方法などについてまとめようと思います。また、「発達障害がある子どもたちを見る目が変わる」ことを願って、脳について進化論的に考えた話もしてみようと思います。

なお、本書で語る話は、いくつかの専門的理論に、私なりの解釈

を加えて構築したものになります。特別支援学校のコーディネーターとして、教育相談などのときに「このように解説すれば分かりやすいだろう」と考えたものですが、信頼性については、次のようにとらえています。

○○論や△△の話というものは、科学的な実験データや生理学などの客観的な根拠にもとづき構築された信頼性の高いものでなければいけません。決して、思いつきや憶測などで構築された独りよがりのものであってはいけません。そのことは十分に理解していますが、経験にもとづく主観的判断や、いくつかの客観的事実から導き出される推測などが時として必要になる教育の世界には、信頼性についてもう一つの考え方が存在します。

絶対評価が導入されたとき、新しい評価の考え方を解説したさまざまな刊行物が発行されました。そのなかに「評価には信頼性が求められるが、評価を指導に生かしていくためには、単に数値化されたデータだけが信頼性の根拠になるのではない。評価の目的に応じて、評価する人、評価される人、それを利用する人が、互いにおおむね妥当であると判断できることが信頼性の根拠になり得る」というような一文がありました。

つまり「私の話が、発達障害がある子どもたちの言動をうまく解説でき、読者の方々が納得できれば、評価する人、評価される人、それを利用する人が、互いにおおむね妥当であると判断できることになる」と考えることにしたのです。

このように、信頼性については、読んでいただく方の判断に委ねて、ＡＤＨＤ、高機能自閉症・アスペルガー症候群の子どもたちの

ために、思うことや考えることを精一杯語ってみようと思います。発達障害がある子どもたちのことが、もっともっと理解されることを願って……。

目　次

まえがき
はじめに……………………………………………………………3
第1章　脳の機能不全についての話……………………………7
　1．本書の対象になる子どもたち……………………………7
　　　高機能自閉症・アスペルガー症候群の子どもたちについて……8
　　　ＡＤＨＤの子どもたちについて……………………………10
　　　ＬＤ（学習障害）の子どもたちについて…………………11
　2．脳の話………………………………………………………13
　　　脳の働き……………………………………………………14
　　　脳の二つの機能……………………………………………23
　　　二つの機能が決める脳の力………………………………25
　3．脳の機能不全とは…………………………………………29
　　　二つの機能から見た脳の力のイメージ…………………30
　　　脳の機能不全についての解釈……………………………38
第2章　言動の理解、及び、支援についての話………………47
　1．ＡＤＨＤの子どもたち……………………………………48
　　　困難さと不適応の具体例…………………………………48
　　　困難さについての解説……………………………………50
　　　不適応の具体例についての解説と支援のポイント……53
　2．高機能自閉症・アスペルガー症候群の子どもたち……67
　　　困難さと不適応の具体例…………………………………67
　　　困難さについての解説……………………………………69

不適応の具体例についての解説と支援のポイント……………75
　3．LDの子どもたち……………………………………………93
　4．感覚の過敏性…………………………………………………96
第3章　子ども理解についての話……………………………………101
　1．現状と願い……………………………………………………101
　　　子ども理解の現状……………………………………………101
　　　本書にかけた願い……………………………………………103
　2．子ども理解について…………………………………………106
　　　子ども理解の重要性と限界…………………………………106
　　　同質なものとしての理解……………………………………109
　　　子ども理解の方法……………………………………………113
　3．脳を進化論的に考える………………………………………119
　　　進化する脳……………………………………………………119
　　　狩猟型脳としての進化………………………………………120
　　　農耕型脳としての進化………………………………………122
　　　統合処理機能の不全は障害？………………………………124
引用文献・参考図書……………………………………………………129
あとがき…………………………………………………………………131

発達障害の教育相談

理解深化への手びき

はじめに

「まえがき」で、子ども理解にかかわる悩みに焦点を当てた私の教育相談のあり方について触れましたが、実際の事例を一つ紹介します。

本書を書きはじめる少し前の話ですが、地域のある小学校へ教育相談に行きました。担任や専科の先生方は、「言葉に問題はないけれど、その子どもの言動に戸惑うことが多く、何らかの障害があるのではないか」と思っているが、保護者の方は、「いろいろと困る言動があり戸惑うことは多いけれど、自分の子どもに障害はない」と思っているケースでした。

事前に検査を実施すると、「計算はできるけれど文章題になるとまったくできない」「長い文はよく覚えることができるけれど、いくつかの単語を並べ替えて短い文を作ることができない」というように、発達障害がある子どもたちと同じようなつまずきがみられました。また、2学年下の年齢級のいくつかの問題ができない反面、1学年上の年齢級のいくつかの問題ができるというように、保護者の方が、「自分の子どもに障害はない」と思う気持ちも分かるような子どもでした。

私は教師ですから障害のあるなしに関する診断はできません。しかし、検査結果や検査場面での様子、及び、担任の先生から事前に聞き取った学校生活の様子から、ＡＤＨＤやアスペルガー症候群の

子どもたちと同じように、「何らかの要因によって、脳*の機能に不全がある」と思われました。そして、保護者の方や先生方が、そのように理解し、それに適した対応を心がけていく方がその子どものために良いだろうと思われました。そこで、「脳の機能に不全がある（と思われる）」という理解を保護者の方に促して、そのことを前提に、学校と家庭が協力していくように教育相談を進めることにしました。

　実際の相談は、深刻な雰囲気が漂うなかで始まりましたが、保護者の方や担任の先生の悩みを聞いたあと、脳の機能不全について、経験にもとづく解釈を加えて解説し、あわせて、教室や家庭で困っている言動が起こる理由も解説しました。一時間足らずの教育相談でしたが、終わったとき、担任の先生は「子どもの言動に納得がいきました。学年の先生方や保護者の方と協力しながら、いろいろ試してみます」と、お礼を言われました。また、保護者の方も私に向かって、にこやかな笑顔で、「自分の子どもの言動がよく理解できました。話されたことを頭に置きながら家庭でも頑張ってみます。今日は、ありがとうございました」と、お礼を言われました。そして、担任の先生に向かって「先生、その本（担任の先生が持参していた発達障害がある子どもたちに対する指導書）をコピーしてくださいね」と、明るい笑顔で頼まれました。

　＊発達障害について説明するとき、正確には「中枢神経系」と表現しますが、「脳」と言い換えても無理はないと思われるので、本書では分かりやすさという視点から、文献から引用する場合を除き「脳」と表現・表記することにしました。

この教育相談は一つの事例になりますが、この事例のように、「発達障害の言動の理由を理解できた」と思うことができれば、先生方や保護者の方々は、明るい気持ちでいろいろ試してみようという気になります。そして、それこそが私の願いでもあります。
　そこで、先生方や保護者の方々が、明るい気持ちでいろいろ試してみようという気になることを願って、第1章では、この教育相談の際に語った「脳の機能不全についての話」をもう少し整理してまとめ、また第2章では「困っている言動が起こる理由の解説」についてまとめることにします。

第1章

脳の機能不全についての話

1．本書の対象になる子どもたち

　私は、通常学級に在籍する子どもたちを直接的に支援したことがありません。私が実際に支援したことがあるのは、知的障害の特別支援学校に通う自閉症、あるいは、自閉的傾向がある*と診断された子どもたちです。したがって本章で解説する「脳の機能不全」は、こうした子どもたちとのかかわりのなかで培ってきた私の理解です。

　本書は、通常学級での教育や子育てに悩んでいる先生方や保護者の方々のためにまとめるものです。そして、この第1章でする話は、自閉症の子どもたちというより、ADHD、高機能自閉症・アスペルガー症候群（LDを除いていますが、その理由は後述します）の原因といわれる脳の機能不全について解説を試みようとするものです。そのため、脳の機能不全についての話をする前に、自閉症の子

＊現在はあまり使われない表現ですが、私が学校現場で初めて自閉症の子どもたちとかかわった頃には、医師が自閉症と断定することを避けるために、この診断名がよく使われていました。そして、この診断名がついた子どもたちは、自閉症の子どもたちと同じ行動や思考のパターンをとることがほとんどでした。以後両者はまとめて「自閉症」と表記します。

どもたちとＡＤＨＤ、高機能自閉症・アスペルガー症候群の子どもたち、及び、ＬＤといわれる子どもたちの原因論に関する関係を整理したいと思います。

高機能自閉症・アスペルガー症候群の子どもたちについて

平成15年3月28日に出された、特別支援教育の在り方に関する調査研究協力者会議の最終報告のなかで、参考資料の試案としてですが、高機能自閉症とアスペルガー症候群は次のように定義されました。そして、この定義は、現在、文部科学省の定義として一般的に通用しています。

高機能自閉症とは、3歳位までに現れ、①他人との社会的関係の形成の困難さ、②言葉の発達の遅れ、③興味や関心が狭く特定のものにこだわることを特徴とする行動の障害である自閉症のうち、知的発達の遅れを伴わないものをいう。

また、中枢神経系に何らかの要因による機能不全があると推定される。

アスペルガー症候群とは、知的発達障害を伴わず、かつ、自閉症の特徴のうち、言葉の発達の遅れを伴わないものである。

下線部（本書の下線はすべて筆者がつけたものです）が示すとおり、高機能自閉症とアスペルガー症候群は、医学的に自閉症の範疇に入ります。つまり「知的障害の有無」という違いはありますが、高機能自閉症もアスペルガー症候群も自閉症であり、その特徴的な

行動の障害の原因は、自閉症と同じく「脳（中枢神経系）に何らかの要因による機能不全がある」ということになります。

このことについて、少し見方を変えてみましょう。知的障害の特別支援学校に通う子どもたちは当然のことながらすべての子どもに知的障害があります。そのため、通常学級とはまったく違う集団のように思われがちです。しかし、もし中間的な子どもを「標準」として考えることが可能であれば、知的障害があるなりに、頭の回転の良い子どもやそうでない子ども、周りに気遣いができる子どもやできない子ども、まじめな子どもやそうでない子ども、おとなしい子どもややんちゃが過ぎる子ども、何にでも意欲的に取り組む子どもやそうでない子どもなどなど、その集団は、通常学級と何ら変わることはありません。

そして、自閉症の子どもたちは、そのような集団のなかで、他の知的障害の子どもたちとは明らかに違う、情緒の不安定さや特定な事象へのこだわり、友だち関係をうまく作れないなど、自閉症に特徴的な行動の障害がみられるのです。それは、通常学級に在籍している高機能自閉症やアスペルガー症候群の子どもたちとまったく同じような存在であると解釈することができます。

なお、言葉の発達に遅れがないということで、アスペルガー症候群は高機能自閉症と区別されますが、知的障害の特別支援学校に通う自閉症の子どもたちも、言葉の発達のあり様はさまざまで、日常会話でほとんど遅れを感じさせない子どもがたくさんいます。また、言葉の発達の遅れは医師の判断によるため、診断する医師によって変わる場合があり、両者の違いが純然と線引きされるものではない

こととも指摘されています。つまり、両者の間にそれほど大きな違いはないと考えてもよいと思います。

そして、これらのことから、自閉症の子どもたちとのかかわりのなかで培ってきた、「脳の機能不全についての話」は、高機能自閉症とアスペルガー症候群の子どもたちに対してもそのまま通用すると考えます。

ＡＤＨＤの子どもたちについて

ＡＤＨＤに関しては、先にあげた調査研究協力者会議の最終報告のなかで、次のように定義されました。

ＡＤＨＤとは、年齢あるいは発達に不釣り合いな注意力、及び／又は衝動性、多動性を特徴とする行動の障害で、社会的な活動や学業の機能に支障をきたすものである。

また、７歳以前に現れ、その状態が継続し、<u>中枢神経系に何らかの要因による機能不全があると推定される。</u>

下線部が示すとおり、ＡＤＨＤは、その原因に関して、高機能自閉症・アスペルガー症候群とまったく同じ表現になっています。また、高機能自閉症とアスペルガー症候群の関係として述べたことですが、ＡＤＨＤという診断に関しても、医師の判断によります。そのため、ある時期、ある病院でＡＤＨＤと診断された子どもが、数年後の同じ病院、あるいは、同じ時期でも別の病院では高機能自閉症やアスペルガー症候群と診断されることがあるといわれています。

つまり、ＡＤＨＤと高機能自閉症、及び、アスペルガー症候群は、どのような行動の障害が強く表面に出ているかという違いによって、診断名が区別される傾向にあるということです。

もちろん、ＡＤＨＤは、医学的に自閉症の範疇には入りません。しかし、衝動性や多動性などのＡＤＨＤの特徴的な行動の障害は、その程度に差こそあれ、高機能自閉症・アスペルガー症候群の子どもたちにもほぼ例外なく見られるようです。また逆に、他人との社会的関係の形成の困難さは、一般的には良好であるといわれていますが、ＡＤＨＤの子どもたちにもよく見られるようです。そして、このことから、ＡＤＨＤは、高機能自閉症・アスペルガー症候群とほぼ同じ原因による行動の障害であると判断しても無理はないと考えられます。

そこで、これから語る「脳の機能不全についての話」は、ＡＤＨＤの子どもたちに対しても十分に通用すると考えます。

ＬＤ（学習障害）の子どもたちについて

発達障害といわれるＬＤについては、ＡＤＨＤや高機能自閉症・アスペルガー症候群と同じように、平成11年7月2日に学習障害及びこれに類似する学習上の困難を有する児童生徒の指導方法に関する調査研究協力者会議の報告で、次のように定義されました。

> 学習障害とは、基本的には全般的な知的発達に遅れはないが、聞く、話す、読む、書く、計算をする又は推論する能力のうち特定のものの習得と使用に著しい困難を示す様々な状態を示す

> ものである。
> 　学習障害は、その原因として、<u>中枢神経系に何らかの機能障害があると推定される</u>が、視覚障害、聴覚障害、知的障害、情緒障害などの障害や、環境的な要因が直接の原因になるものではない。

　下線部のようにＬＤの原因については、ＡＤＨＤや高機能自閉症・アスペルガー症候群とは違った表現がされています。「何らかの機能障害」と「何らかの要因による機能不全」の違いがどのような意図で書き分けられたのかは分かりませんが、何らかの違いがあるから書き分けられたと判断した方が良いと思います。また、私も、実際に支援を行ったことはありませんが、ＬＤの子どもたちに関しては、「発達障害がある」と一くくりで表現される子どもたちのなかで、他と違う側面があることを感じています。

　どのような側面かというと、ＡＤＨＤや高機能自閉症・アスペルガー症候群の子どもたちのある行動が問題視されるとき、その行動は周りの子どもたちを巻き込んだものであることが多いようです。そして、すべてとは言いませんが、その行動によって周りが困っているから、教育相談を依頼される場合がほとんどです。しかし、ＬＤの子どもたちの場合は、定義から判断する限り、困っているのは本人のみと推測されます。もちろん、教科指導の困難さで担任の先生等も困っているとは思いますが、周りの子どもたちを巻き込まない点で、他とは違った側面があると感じるのです。

　つまり、解説は第２章のなかで行うつもりですが、ＬＤの子ども

たちの機能障害は、他の発達障害がある子どもたちの機能不全とは質的に違っているようです。そのため、これから語る「脳の機能不全についての話」は、LDの子どもたちに対してはそのままでは通用しない、あるいは、まったく通用しないこともあるのではないかと考えます。

今まで述べてきたことを整理すると、自閉症の子どもたちとADHD、高機能自閉症・アスペルガー症候群の子どもたち、及び、LDといわれる子どもたちの関係は、次のようにまとめることができると考えます。
- ○ 高機能自閉症・アスペルガー症候群の子どもたちの、行動の障害の原因である「脳の機能不全」は、自閉症の子どもたちと同じものである。
- ○ ADHDの子どもたちの、行動の障害の原因である「脳の機能不全」は、自閉症の子どもたちと同じか、ほぼ同じものである。
- ○ LDの子どもたちの、行動の障害の原因である「脳の機能障害」は、自閉症の子どもたちと違う側面がある。

これらのことから、「脳の機能不全についての話」は、LDの子どもたちを除いた、ADHD、高機能自閉症・アスペルガー症候群の子どもたちについて通用すると考えます。

2．脳の話

ADHD、高機能自閉症・アスペルガー症候群の子どもたちのこ

とを理解するうえでは、「私たちの周りにいるごく普通の人たちや子どもたちの延長線上に彼らがいることを、感覚的に理解することが重要なポイントになる」と私は考えます。そこで、一般の人たちのことも含めて、まずは脳のことについて話をします。

これは一般の人たちのことも含めた「脳の話」ですが、ADHD、高機能自閉症・アスペルガー症候群の子どもたちの「脳の機能不全」というものを理解するうえで、基礎になると考える話です。

脳の働き

(1) 遺伝と環境の作用

人には「脳の作りや働きは、基本的に自分と同じである」という思い込みのようなものがあるようです。つまり、頭の良い人も悪い人も、隣にいるAさんやBさんも、一つの情報に対しては、自分と同じような思考のプロセスを経て同じような答えを出す(もちろん、処理する速さや量には違いを感じているようですが……)と思っているのではないかということです。

例えば、子どもたち、あるいは、同僚や親戚などの大人でも良いのですが、物事を一面的にとらえてよく失敗をする人がいた場合、ほとんどの人が、その人に対して、物事を多面的にとらえて対処することの大切さを教えようとします。また、ネガティブな思考をしてしまう人には、前向きな思考をすることの大切さを教えようともします。このことは、「相手はまだ知らないだけで、うまく教えることができれば、自分と同じ思考のプロセスを経て、自分と同じ答えが出せるはず」という思い込みのようなものから、失敗を諭したり、

支援を行ったりしていることであると考えられます。

しかし、脳の細胞やシナプス（神経細胞間の軸索と樹状突起の接合部の名称で、興奮を伝える部位）の数、及び、そのつながり方など（すなわち脳の作りや働き）は、遺伝的要素や環境的要素によってさまざまに違ってきます。

誰の研究だったかは忘れてしまいましたが、狩野家という頭の良い家系を調査した研究で、頭の良さというものがある程度遺伝することが証明されています。また、日常的に考えても「あの親は頭が良いから、あの子どもも頭が良い」と思うことなども多々あり、私たちは、頭の良さが遺伝的要素にある程度左右されることを理解しています。そして、それとは逆に、狼に育てられた子どもが言語を獲得できなかったという事実などから、遺伝的要素だけでなく、環境によって脳の働きが変わることも私たちはよく理解しています。

特に、脳の働きが環境によって強く左右されることについて、角田忠信先生の『日本人の脳』（大修館書店、1978年）という本を読むと、さらに理解が深まります。環境は、言語圏というものになりますが、角田先生によると、日本人と欧米人等の脳は、その働き方に明らかに違いがみられるそうです。角田先生は、6歳頃から9歳頃まで日本語の言語圏に育った場合、人種、国籍、または、民族の背景の如何にかかわらず、左脳優位にスイッチが切り替わることを指摘されています。そして、左脳優位にスイッチが切り替わると、小鳥のさえずりや虫の音、雨だれや風のうなり声など、すべての自然の音を左脳部分で聞くようになることが明らかにされています。一方、6歳頃から9歳頃まで、その他の言語圏で育つと右脳優位にス

イッチが切り替わり、すべての自然の音を右脳部分で聞くようになるそうです。ちなみに、自然の音を右脳部分で聞くようになると、左脳優位の日本人には理解しがたいことですが、小鳥のさえずりや虫の音等の自然の音は雑音として認識されるそうです。

角田先生の指摘によれば、ある時期の言語環境の違いが、脳の働きをまったく違うものにするのですが、この事実から分かるように、環境の違いというものが、脳の働きをさまざまに変えていきます。

余談になりますが、欧米の人は物事を合理的・論理的に考えることが得意で、日本人は苦手であるとよく言われます。これは、角田先生が指摘されるように、言語環境により、脳の働きが違うことが大きな要因の一つであると思われます。外国人記者を集めたトーク番組で、日本人のゲストと外国人の記者の意見がかみ合わないシーンをよく目にします。かみ合わないところがおもしろいのですが、外国人記者の意見は、情というものを排除して論理的に述べられていることが多いようです。それに対して日本人のゲストは「このような心情を考慮すれば、こう考えて当然でしょう」と外国人記者に食いつきます。しかし、外国人記者には「心情というものに左右され、状況によって真理が変わり、その真理（この場合、真理といえるのかは疑問ですが……）に合わせて論を構築する」という日本人の思考そのものが不合理に思えるようです。私は、それらのトークを聞きながら、角田先生の理論を思い出し、文化・思想的背景などというより、「脳の作りや働きがそもそも違っていることから理解しなければ、お互いのことを理解し合うことはないだろうな」と思いました。

(2) 一人一人違う脳

　前段で、遺伝と環境の作用として、一人一人の脳が違ったものになっていることを述べました。そして、脳をそのように理解するということが、「ＡＤＨＤ、高機能自閉症・アスペルガー症候群の子どもたちが、私たちの周りにいるごく普通の人たちや子どもたちの延長線上にいる」ということを感覚的に理解することにつながります。脳の作りや働きが一人一人違うということを理解できれば、一つの刺激に対して、一人一人違う反応をすることが当たり前であると思えるからです。

　前段で例としてあげた、物事を一面的にとらえる人は、何度も同じ失敗を繰り返す場合、知的障害がないならば、脳の構造がそのようになっているという側面もあると考えた方が自然です。また、ネガティブな思考をしてしまう人も同様です。このように考えていくと、一人一人の思考のプロセスは異なり、まったく同じ情報が入ったとしても、「頭の良い人、悪い人、隣にいるＡさん、Ｂさんは、それぞれに違う思考のプロセスを経て、それぞれに異なる答えを出す」ということが感覚的に理解できるようになると思います。

　そして、「人間の脳は、一人一人作りや働きが違っている」と感覚的に理解できれば、ＡＤＨＤ、高機能自閉症・アスペルガー症候群の子どもたちが、私たちと違った思考のプロセスを経て情報を処理しているとしても、それは人間としてごく当たり前であると思えます。人間は誰一人として、同じ思考のプロセスを経て答えを出すわけではないのですから、隣にいるＡさん、Ｂさん、あるいは、Ｃさんの延長線上に彼らを理解することができるはずです。

このことを押さえて、次に進みたいと思います。

(3) 脳の働きに対する思い込み

　図1は大学の心理学の講義で、人の知能がどのような分布になっているかという説明を受けた際に板書されたものですが、標準的な知能指数の人が一番多く、高い人、低い人はその程度が増すにつれて少なくなっていくことを表しています。

　そして、このような講義を受けるからということではありませんが、一般的に、脳の働きについては、良いか悪いという基準で、一つの力として考えられがちです。単なる一つの基準に過ぎませんが、田中ビネー知能検査(1)でいうところのＩＱ（知能指数）が、一般的に脳の力を示すものと考えられています。そして、例えばＩＱが120の

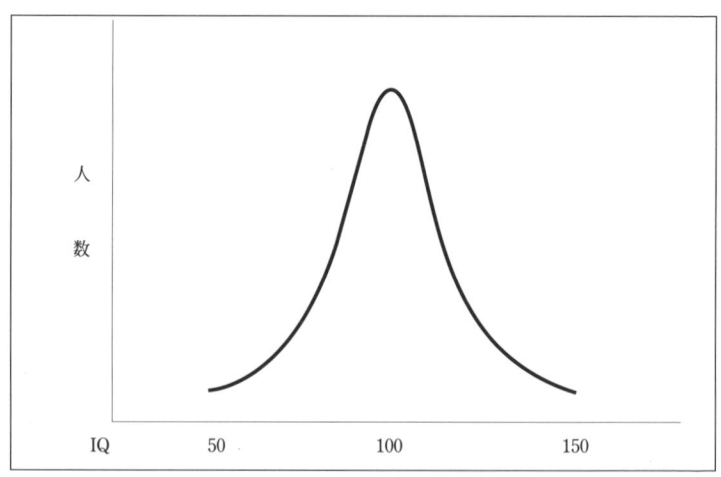

図1　知能の分布曲線

人は、100の人よりすべての力が上回っていると解釈されがちです。また、100同士であれば、脳の力は一緒であると考えてしまいます。

　これは、(1) の段で述べたように、「頭の良い人も悪い人も、隣にいるAさんやBさんも脳の作りや働きは、基本的に同じである」「一つの情報に対して、誰でも同じ思考のプロセスを経て同じ答えを出す」という思い込みのようなものがあることを示しています。

　そして、ここに、ADHD、高機能自閉症・アスペルガー症候群の子どもたちの理解を難しくしている要因があると私は思います。

(4) 部分や部位で行う情報処理

　常識的な話になりますが、科学的な実験、及び、不慮の事故である特定の部分が損傷を受けると、その部分が司っていた働きのみが失われることから、脳は、全体で情報を処理するのではなく、ある刺激を受け入れ処理する部分が決まっていることが分かっています。運動や言語、視覚、聴覚というように分けられるのですが、運動を司る部分が運動野、言語を司る部分が言語野というように、それらの部分のほとんどは、「野」と表現されます（図2参照）。

　そして「野」といわれる部分も、ある刺激を受け入れ、処理する部位に細かく分かれています。

　運動は、運動野といわれる部分が司っていることは先に述べたとおりですが、運動は何でも得意という人がいる反面、○○運動は得意だが、△△運動は苦手であるというような人が多数います。また、言語についても、話すことは得意だが、聞いたり読んだりして文章

図2 脳の機能分担の大まかな様子

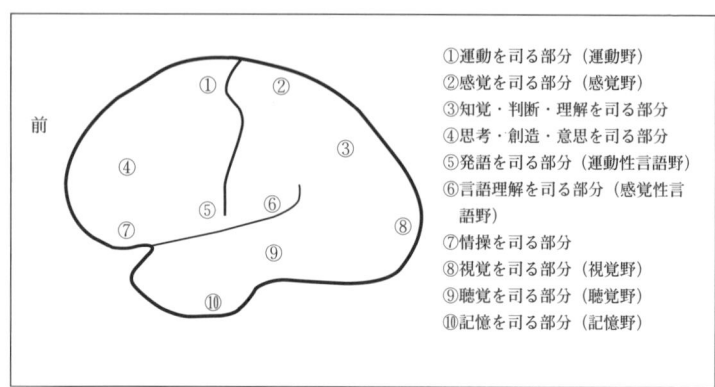

①運動を司る部分（運動野）
②感覚を司る部分（感覚野）
③知覚・判断・理解を司る部分
④思考・創造・意思を司る部分
⑤発語を司る部分（運動性言語野）
⑥言語理解を司る部分（感覚性言語野）
⑦情操を司る部分
⑧視覚を司る部分（視覚野）
⑨聴覚を司る部分（聴覚野）
⑩記憶を司る部分（記憶野）

（左半球〈大脳皮質部〉の機能分担の概要図ですが、正確な機能分担・所在位置は文献などで確認されることをお勧めします）

を理解することは苦手であるというような人も多数います。ですから、運動野や言語野などのなかも、ある刺激を受け入れ処理する部位は細く分化していると理解した方が自然です。少し専門的にいうと、運動野というものは、一次運動野、運動前野、補足運動野、帯状運動野に細分化されるそうです。また、言語野というものも、図2の⑤が発語にかかわる部分になり、図2の⑥が言語理解にかかわる部分になります。

ただし、通常はそれらの部位同士、あるいは、野といわれるような部分同士は密接に連絡しあい、統合的に情報を処理しています。そのため、何となく、脳全体、あるいは、野といわれるような部分全体で情報を処理しているように感じています。

例えば、図形を認知するとき、図形を認知する脳のある部分が情報を処理しています。しかし、その部分のなかでも、○や△の図形

を見てその特徴を認知するのは、視覚的な情報を処理する部位と思われます。また、○や△の図形を触ってその特徴を認知するのは、触覚的な情報を処理する部位と思われます。ただし、通常は、それらの部位同士が密接に連絡しあい、統合的に情報を処理しています。ですから、目で見て理解した図形は、同時に手で触っても理解できることになり、図形を認知する脳のある部分全体で処理しているように感じるわけです。

統合的に処理するという意味を理解するために、私たちが○や△といった図形を認知する際のことを思い出してください。見て特徴や他の図形との違いを認知する際には、「触ったらこんな感じかな？」と同時に考えているはずです。また、触って特徴や他の図形との違いを認知する際には、その特徴や違いを映像化しているはずです。このように、二つの面から同時に情報を処理しようとしていることが、部位同士が密接に連絡しあい、統合的に情報を処理していることを示しています。

また「角がない」とか「角が三つある」というように特徴を言語化している場合、言語を司る部分とも密接に連絡しあい、統合的に情報を処理していることになると考えます。

図3-1は、今まで述べてきたことをイメージ化したものです。

ある刺激Aに対して、脳のある部分が処理して反応するまでの過程を表しています。今まで述べてきたことを例にすれば、刺激Aは、「見て」と提示された○や△の図形になります。主に刺激Aを処理する部位として表したところは、図形を見るという課題から、図形に関する視覚情報を処理する部位になります。他の部位として表した

ところは、図形に関する触覚情報を処理する部位になります。この場合、反応Aは、「まる」や「さんかく」と言葉で答えることになると考えます。

普通は、実線の矢印のような流れとして理解されているようですが、実際は、点線の双方向矢印のように、他の部位や他の部分との関連のなかで刺激Aは処理されていると考えます。つまり「触ったらこんな感じかな？」と同時に考えていることが、主に刺激Aを処理する部位として表したところと、他の部位として表したところを結ぶ点線の双方向矢印の流れに相当します。また、特徴を言語化している場合には、他の部分とのやりとりとして表した、部分同士の双方向矢印の流れも必要になると考えます。

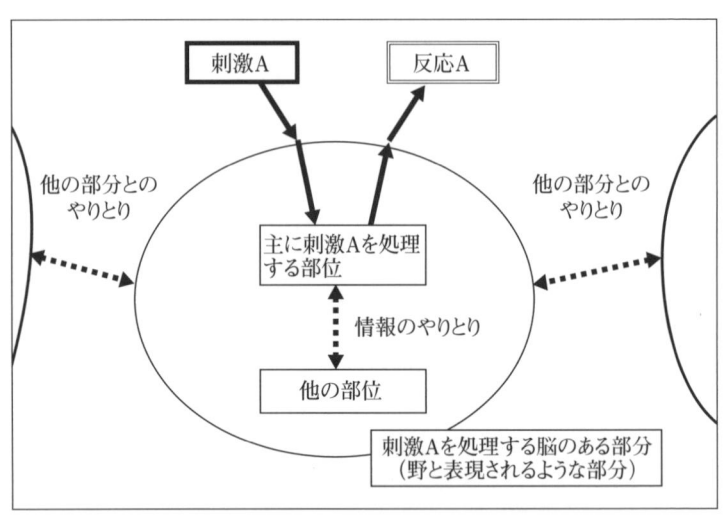

図3-1　情報を処理する流れのイメージ図

脳の二つの機能

　図3-1のように、脳が、部分や部位ごとに刺激を受け入れ処理していることと、それらの部分や部位同士が密接に連絡しあい統合的に情報を処理していることから、私は、情報を処理する脳の働きを二つの機能に分けてとらえてみました。

　その一つは、ある部分や部位が単独ですばやく処理しようとする機能です。

　例えば、「3×4＝」という数式をみれば、私たちはほとんど考える間もなく、かけ算の計算を行っています。これは、計算を司る部分、そのなかでもかけ算を司る部位が情報をすばやく処理しているということです。

　図3-1でいえば、刺激Aが「3×4＝」という数式になり、主に刺激Aを処理する部位として表したところが、かけ算を司る部位になります。「3×4＝」という数式を見た場合は、すばやく処理するために、他の部位（足し算や引き算、わり算などを処理する部位）として表したところや、他の部分との情報のやりとりは、ほとんど行われないと考えます。このように、情報を処理する脳の働きというものは、計算や暗記など、「入ってきた情報に対して、脳のある部分や部位だけで単独的にすばやく処理しようとする機能がある」と考えました。

　頭のなかは机の引き出しに例えられることがよくあります。その例えでいうと、刺激に応じた一つの引き出しをすばやく開いて、答えをそこから探す機能ともいえるでしょう。

もう一つは、部分や部位同士を結びつけ統合して情報を処理しようとする機能です。

　例えば、「リンゴを3個ずつ4人に配りました。リンゴは全部でいくつあるでしょう？」という文章題を見れば、私たちは、「ずつ」と「配る」から、かけ算であることを認識して、かけ算の計算を行って答えを出しています。これは、計算を司る部分がかけ算の計算を行うと同時に、言語を司る部分が「ずつ」と「配る」を計算式に置き換え、情報を処理しているということです。

　図3-1でいえば、刺激Aが「リンゴを3個ずつ4人に配りました。リンゴは全部でいくつあるでしょう？」という文章題になり、主に刺激Aを処理する部位として表したところがかけ算を司る部位になりますが、「3×4＝」という数式を見た場合と違って、他の部位として表したところや他の部分として表したところとの情報のやりとりが必要になります。たぶん、「ずつ」と「配る」を計算式に置き換えることは、言語を司る部分が主に情報を処理していると思われるので、他の部分（言語を司る部分）との情報のやりとりが必要になると考えます。また、他の部位として表したところとは、言語を司る部分から入ってきた情報をどの計算式に当てはめるか考えるときに、情報のやりとりが行われると考えます。このように、情報を処理する脳の働きというものは、類推や推測など「入ってきた情報に対して、脳の複数の部分や部位を同時に働かせて処理しようとする機能もある」と考えました。

　頭のなかを机の引き出しに例えると、いくつかの引き出しを同時に開いて、そのなかのものを結びつけ、答えを探す機能ともいえる

でしょう。

　以上、述べてきたように、情報を処理する脳の働きは、「ある部分や部位が単独ですばやく処理しようとする機能」と「部分や部位同士を結びつけ統合して情報を処理しようとする機能」の二つの機能としてとらえることができると私は考えます。そして、この二つの機能は、一般的に「別々のもの」として意識されていません。

　しかし、私は、自閉症の子どもたちと数多くかかわるなかで、この二つの機能を「別々の力」としてとらえるようになりました。

　そこで、この後の論をすすめやすくするために、ある部分や部位が単独ですばやく処理しようとする機能、例えば、刺激に適した一つの引き出しをすばやく開いて答えを探す機能のことを「単独処理機能」と表現・表記します。図3-2で表現したところの実線の矢印になります。

　また、部分や部位同士を結びつけ統合して情報を処理しようとする機能、例えば、いくつかの引き出しを同時に開いて、それらを結びつけて答えを探す機能のことを「統合処理機能」と表現・表記します。図3-2で表現したところの点線の双方向矢印になります。

二つの機能が決める脳の力

　前段で、脳の働きというものを二つの機能としてとらえ、それらを別々の力としてみることを提案しましたが、そのことについてもう少し説明を加えます。

　私のかつての教え子に、田中ビネー知能検査でＩＱが60弱と同じ程度の数値が出た同級の自閉症の子どもとダウン症の子どもがいま

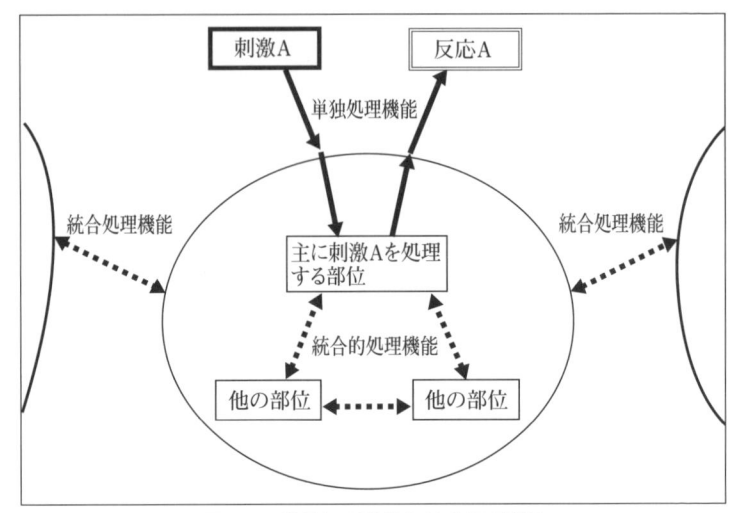

図3-2 単独処理機能と統合処理機能

した。二人の実態はまったく異なり、脳の力が一緒とは到底思えませんでした。自閉症の子どもは形の把握や色の弁別、あるいは、計算や物の操作など、知能検査の問題に解答するために必要と考えられる力が、ダウン症の子どもに比べて数倍早く、かつ、正確でありました。また、自閉症の子どもは、質問に対して答える言葉も明瞭ではっきりしています。つまり、自閉症の子どもの脳の力の方が、段違いに高いだろうと思われました。

しかし、田中ビネー知能検査の結果としては、ほぼ同じ数値になりました。検査結果からは、脳の情報処理に関する力は同じ程度と解釈されます。彼らの検査結果の数値を近づけたものは何でしょうか？

このことは、先に述べた、単独処理機能と統合処理機能の二つの

機能の力で脳の力をとらえると説明ができると考えます。すなわち、「自閉症の子どもは、単独処理機能の力は高かったが、統合処理機能の力が低かった。ダウン症の子どもは、単独処理機能の力は自閉症の子どもに比べると低かったが、統合処理機能の力が高かった」と理解すれば、同じような検査結果の数値が出たことが説明できると思います。

　田中ビネー知能検査は、さまざまなタイプの問題が用意されています。例えば、言語に関して、「絵カードを見て名称を答える」ものや、「鉄は重い、綿は……」など反対語を答えるものなどがあります。

　実際の検査場面で、自閉症の子どもは、頭のなかの一つの引き出しを開いて反射的に答えればよい、絵カードを見て名称を答える問題などにすばやく、的確に答えていました。一方ダウン症の子どもは、頭のなかのいくつかの引き出しを開き、いくつかの情報を結びつけ類推する反対語の問題などに正確に答えていきました。つまり、そのような結果が積み重なり、最終的にＩＱを計算するとほぼ同じ数値になったのです。

　一見すると、脳の力が一緒とは到底思えない二人が、数値的に同じ脳の力を示す。この事実は、脳の力というものを、単独処理機能と統合処理機能の二つの機能に分けてとらえ、別々の力としてみていくことで、理解できると考えます。

　脳の力が二つの機能のそれぞれの力で決まるとすれば、自閉症とダウン症の子どもの例だけでなく、以下のようなことも納得がいくように説明できると考えます。

　私たちの周りを見てください。頭が良いと感じる人たちは大きく

二つのタイプに分けられると思いませんか？

　あらゆることに配慮して細々と調整した情報処理を行うことで頭が良いと感じさせる人がいます。つまり、私の論でいえば、統合処理機能に優れた脳であることを示すような人になります。一方、そのような頭の良さとは無関係に、計算や暗記などが優れ情報処理の速さや量で頭の良さを感じさせる人もいます。つまり、私の論でいえば、単独処理機能に優れた脳であることを示すような人になります。検査を行ったことありませんが、同じような頭の良さを感じる場合、先のダウン症と自閉症の子どもたちと同様に、同じような数値が出るのではないかと思います。

　また、先に例示した、物事を一面的にとらえる人は統合処理機能があまり働かず、一つの事象に脳の一つの部分や部位だけで対応している人と考えると、つじつまが合うと思います。私の論でいえば、統合処理機能の力があまり高くない脳であることを示すような人になります。ネガティブな思考をする人は、逆に、統合処理機能が働きすぎて心配の種が尽きないような人と考えると、つじつまが合うと思います。私の論でいえば、統合処理機能が過度に働きすぎる脳であることを示すような人になります。

　先に頭のなかを机の引き出しに例えました。今あげた人たちを例えてみると、自閉症の子どもは、知的障害がない子どもに比べて机の引き出しが小さく、かつ、一つしか開けないで答えを探す子どもと理解できます。ダウン症の子ども（他の知的障害の子どもたちも同じと考えています）は、ＩＱが同程度の自閉症の子どもに比べてさらに机の引き出しは小さくなりますが、同時にいくつかの引き出

しを開いて答えを探し出せる子どもと理解できます。

　また、あらゆることに配慮して細々と調整した情報処理を行うことで頭が良いと感じさせる人は、机の引き出しの数が多く、同時に多数の引き出しを開いて答えを探し出せる人というように理解できます。計算や暗記などが優れ情報処理の速さや量で頭の良さを感じさせる人は、机の引き出しが大きく、たくさんのものを収納できる人というように理解できます。さらに、物事を一面的にとらえる人は机の引き出しの数が少ないか、一つしか開けない人というように理解できます。ネガティブな思考をする人は、関係のない引き出しまで開けてしまう人というように理解できます。

3．脳の機能不全とは

　前項で、脳が情報を処理する力を考えるとき、単独処理機能と統合処理機能の二つの機能を別々の力としてとらえ、二つの機能のそれぞれの力が一人一人の脳の力を決めると解釈した方がよいと提案しました。それは、そのように解釈すると、私たちの周りにいる人たち（子どもたち）のさまざまな違いを納得がいくように理解できるからです。

　私たちの周りには、いろいろな人たち（子どもたち）がいます。一つの情報に対して、さまざまな角度から検討を加えて答えを出す慎重な人たちがいれば、何度失敗の経験をしても一つの事象にすぐ反応し、単絡的と評価される人たちがいます。会議や学級会などで、人の意見をよく聞き、理解を深める人たちがいれば、自分の考えを

主張して一歩も譲らない人たちもいます。本当に、いろいろな人たちがいます。

身の回りにいるごく普通の人たち（子どもたち）のこのような違いは、今までは「個性」と理解されてきました。その個性を生じさせている要因については、脳の情報処理プロセスや情報処理能力の違いなどとして説明ができるはずです。私は、脳の働きを単独処理機能と統合処理機能という二つの機能の力でとらえると、一人一人の違いを分かりやすく説明することができると考えます。

すなわち、一つの情報に対して、さまざまな角度から検討を加えて答えを出す慎重な人は、いくつもの情報を統合して処理する機能の力が高い人で、何度失敗の経験をしても一つの事象にすぐ反応し、単絡的と評価される人は、単独処理機能の力は高いけれど統合処理機能の力が低い人である。会議や学級会などで、人の意見をよく聞き、理解を深める人とは、いくつもの意見を統合して処理する機能の力が高い人で、自分の考えを主張して一歩も譲らない人とは、単独処理機能の力は高いけれど統合処理機能の力が低い人である。というように、いろいろな人たちの違いを、二つの機能の力という面から説明ができるのではないかと考えます。

二つの機能から見た脳の力のイメージ

(1) これまでのイメージ

図4は、脳が情報を処理する働きは、大きく二つの機能によって決まると仮定して、これまでのイメージを図表化したものです。みなさんは、これまで脳を一つの力として見ることに慣れてきました。

すなわち、●印で示したように、真ん中の太い直線上に個人個人の脳の力があるとイメージしていたと思います。頭の良い人は、脳の力がすべて自分より上回っている。知的障害がある人は、脳の力がすべて自分より下回っている。そのようなイメージをもたれていたのではないでしょうか。

先に、身の回りにいるごく普通の人たち（子どもたち）の違いについて、脳の力を単独処理機能と統合処理機能という二つの機能の力でとらえると、一人一人の違いを説明することが可能であることを述べました。図4の太い直線上では、普通の人はどちらの機能も

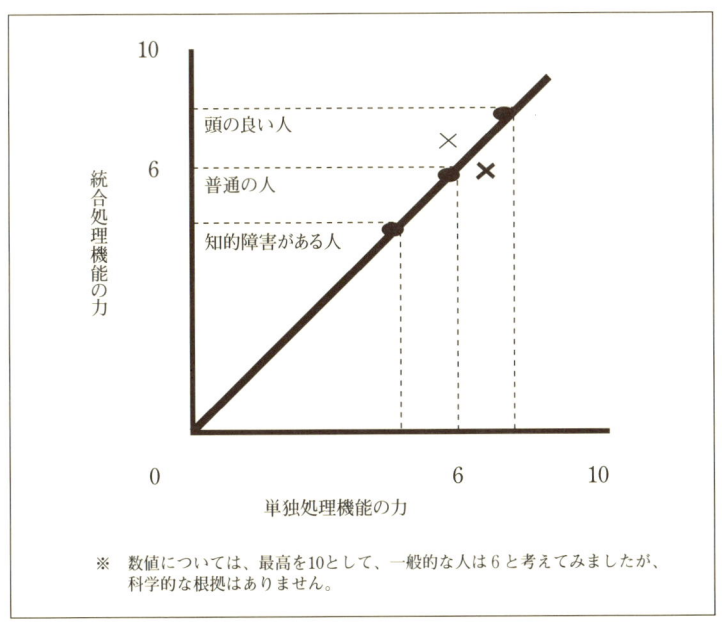

※ 数値については、最高を10として、一般的な人は6と考えてみましたが、科学的な根拠はありません。

図4　これまでの「脳の力」のイメージ

6点のところにあります。しかし、一言で普通の人といっても、前項で例としてあげた頭の良い人と同じように、細々と配慮ができる人がいます。たぶん、そのような人は、統合処理機能が6点より高いところ（×印あたり）にあるのではないでしょうか。また、暗記や計算がよくできる人もいます。たぶん、そのような人は、単独処理機能が6点より高いところ（×印あたり）にあるのではないでしょうか。

このように、図4の太い直線上でなく、どちらかの機能の力が高かったり低かったりしていると解釈すれば、身の回りにいる人たち（子どもたち）の違いを説明できると考えます。つまり、人は、図4の太い直線上のように、「バランスがとれた二つの機能の力をもっている」と考えるより、図5であげる六つのイメージ図のように、「どちらかの機能の力が高かったり低かったりしている」と理解した方が自然であると考えます。

(2) 例示した人たちのイメージ図

図5は、脳が情報を処理する力は二つの機能の力で決まると考えて、これまで例として引用した人のなかで、六つのタイプの脳の情報処理に関する力を図表化したものです。

図の5-1と5-2は、自閉症の子どもとダウン症の子どもの例です。それぞれの機能の力が違いますが、面積として表される脳の情報処理に関する力は、ほぼ同じになっています。そして、この面積の広さが、ＩＱ60弱という検査結果を示すものではないかと私は考えています。

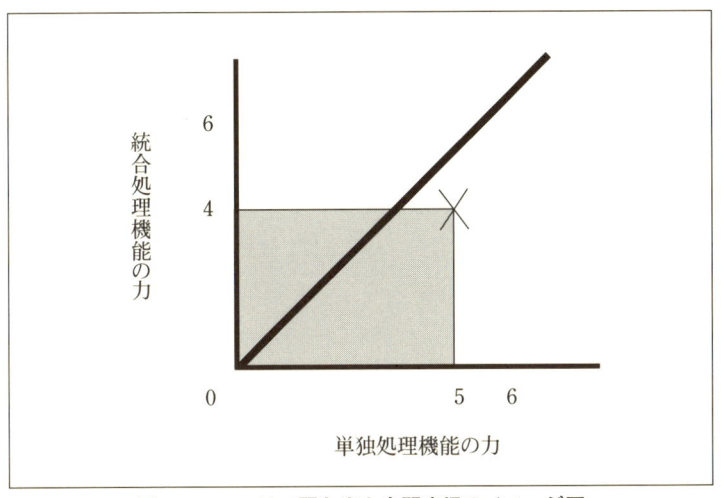

第1章 脳の機能不全についての話 33

図5-1　IQが60弱と出た自閉症児のイメージ図

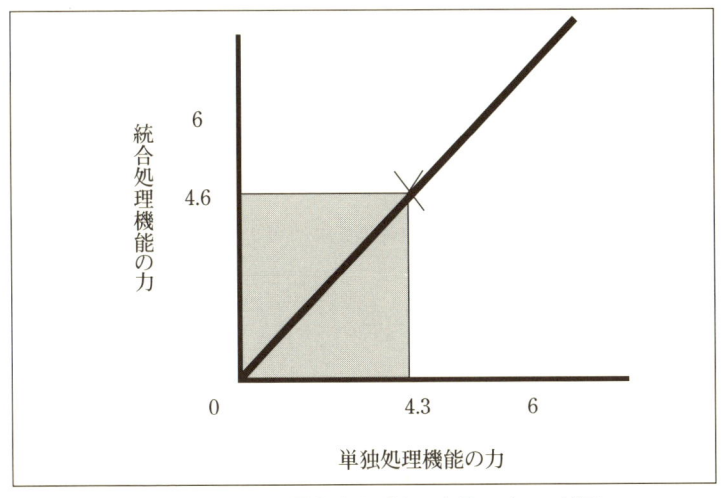

図5-2　IQが60弱と出たダウン症児のイメージ図

図の5-3と5-4は、頭の良さを感じさせる人の例です。それぞれの機能の力の差を少し極端に表現してみました。また、ごく標準的な人（そのような人が実際にどれくらいいるかは疑問に感じながらも、そのように表現しています）がどちらの機能も6点あたりと考えれば、上乗せ分の面積が私たちに頭の良さを感じさせる部分になります。

　図の5-5と5-6は、身の回りにいるごく普通の人たちの例です。図で示したようにそれぞれの機能の力に若干の違いがあると思います。そして、この図5-5と図5-6のように、多くの人たちは、二つの機能の力にあまり大きな差はなく、わずかにどちらかの機能の力が高かったり低かったりしているものだろうと考えます。

(3) 知能の分布に関するイメージ図

　これまで、私たちの周りにいるごく普通の人たちや子どもたちの延長線上に、ADHD、高機能自閉症・アスペルガー症候群の子どもたちがいることを感覚的に理解していただこうと話をすすめてきました。

　さらに、理解を深めていただくために、図1で示した知能の分布曲線に対して、私が考える知能の分布図を作成してみました。分布曲線は前項の解説に用いた図1のとおりですが、今まで述べてきたことをまとめると、知能の分布図として、図6のようなものが作成できると考えます。

　図6で表した中心の円は、IQが100前後で数が一番多いとされている人たちの分布状態です。それらの人たちは、中心の円のどこかに点として位置づけられると思われます。図4の説明を行うとき、

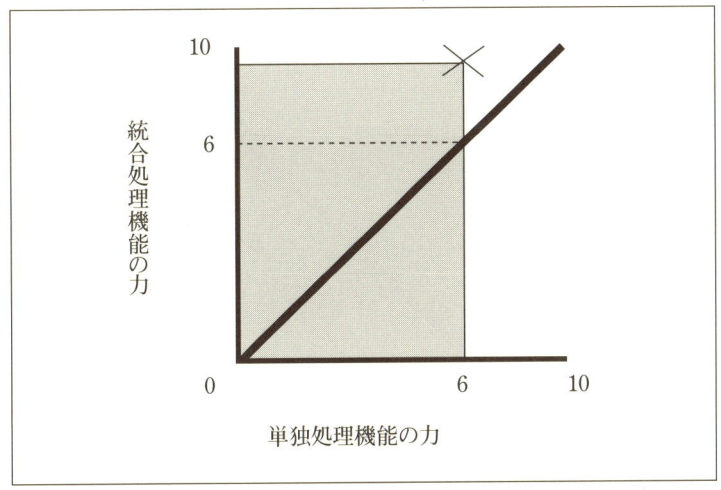

図5-3 統合処理機能の力で頭の良さを感じさせる人のイメージ図

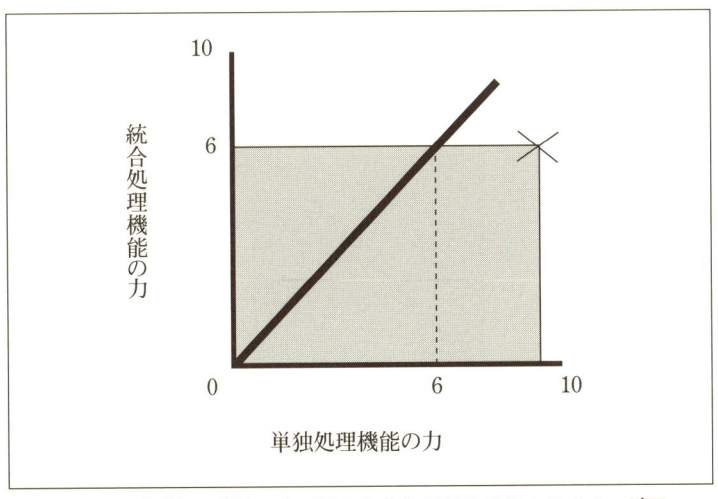

図5-4 単独処理機能の力で頭の良さを感じさせる人のイメージ図

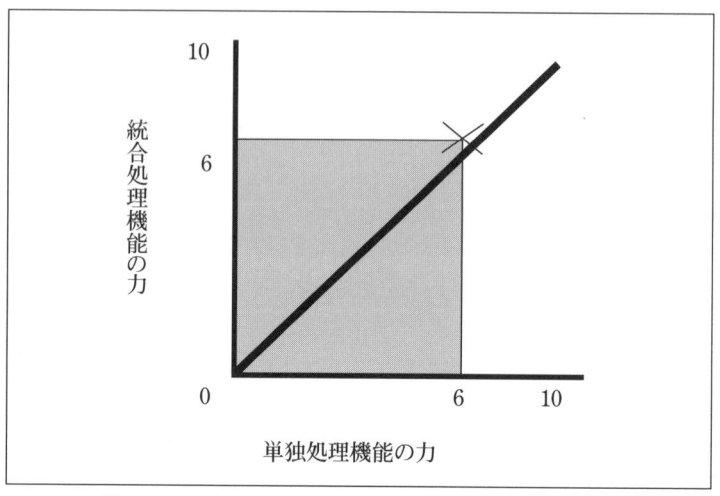

図5-5　いろいろと配慮ができる普通の人のイメージ図

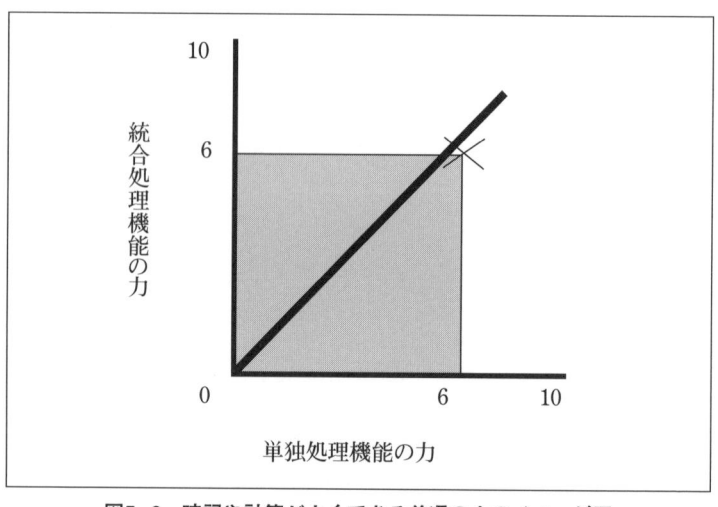

図5-6　暗記や計算がよくできる普通の人のイメージ図

普通の人のなかで、細々と配慮できる人は、統合処理機能が6点より高いところにあると述べましたが、中心の円のそのあたり（×印あたり）に点として表されるのではないかと考えます。また、暗記や計算がよくできる人は、単独処理機能が6点より高いところにあるとも述べましたが、中心の円のそのあたり（×印あたり）に点として表されると考えます。

なお、中心の円に色をつけたのは、点の密度が濃いということを表しています。そして、外側の円は、密度が希薄になっていくように分布していることを表しています。三番目の円の密度はかなり希

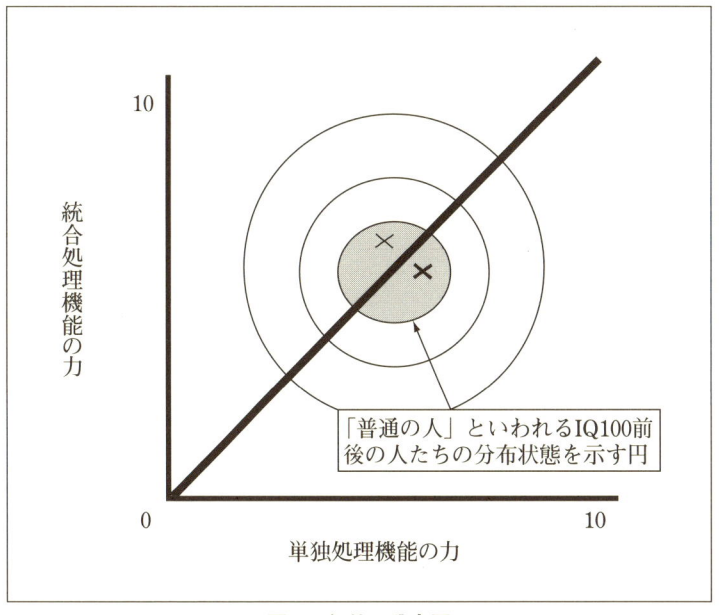

図6　知能の分布図

薄ですが、その外側部分にも当然分布していると考えます。

脳の機能不全についての解釈

これまで述べてきたように、私は、脳が情報を処理する機能は二つに分けられると考え、それぞれを別の力としてみています。このことを踏まえて、ADHD、高機能自閉症・アスペルガー症候群の子どもたちの「脳の機能不全」とはいったいどのように理解すればよいかについてまとめます。

(1) 自閉症の研究

20年ほど前に目にしたものなので、どなたの研究だったか忘れてしまいましたが、自閉症の子どもたちは、目で見て理解した図形が、手で触わると理解できないことが報告されています。

私も何人かの自閉症の子どもに試してみましたが、○や△などの簡単な図形ばかりでなく、提示された図形を見て五角形や六角形なども正確に弁別できる自閉症の子どもが、目隠しをして触ると、○や△という簡単な形ですら弁別できないことがありました。これは、視覚的な情報を処理する部位と触覚的な情報を処理する部位が統合的に情報を処理していないことを証明しているものであると考えます。

また、最近の研究では、自閉症の人の脳はドーパミンやセロトニンというような脳内神経伝達物質(3)の分泌に問題があり、一つの情報が脳のいろいろな部分に伝わりにくいことも科学的に解明されています。「脳がバラバラに機能している」とは、自閉症の認知特性を語

るときに専門家がよく使う言葉ですが、まさに、統合処理機能が単独処理機能に比較して働いていないことを示す言葉であると考えます。

　机の引き出しに例えると、目で見て図形を認知する引き出しの横に、触って図形を認知する引き出しがあります。統合処理機能が正常に働いている人たちは、同時に二つの引き出しを開き、両方の引き出しを相互に関連づけながら情報を処理しています。目で見て認知した図形の特徴を、触って認知する特徴に置き換えて、隣の引き出しにも収める作業を行っているのです。

　しかし、自閉症の子どもたちは、二つの引き出しを同時に開き、二つの引き出しを関連づけながら情報を処理することができにくいと考えられます。つまり、極端な言い方になりますが、目で見て処理した情報は、目で見て処理する引き出しのみに収納されることになるということです。

　自閉症の子どもたちはこのように、脳内の神経伝達物質の分泌上の問題なのか、あるいは、シナプスの形成といった脳の作りなどの問題なのかは明らかではありませんが、いくつかの情報を統合的に処理することができにくいと考えられています。

(2) 基礎となった脳の統合機能に関する理論

　私がこれまでしてきた「脳の機能不全についての話」には、もとになったいくつかの理論があります。脳というものの構造や働きについては、特に、時実利彦先生と角田忠信先生の理論がもとになっています。そして、どんな機能に不全があるのかというものについ

ては、特に、佐々木正美先生(6)と坂本龍生先生(7)の理論がもとになっています。

　佐々木正美先生や坂本龍生先生は、自閉症の子どもたちへのアプローチとして、幼少期に脳の統合機能を高めるような支援が、対人関係の改善など、自閉症の子どもの本質的な問題の改善に有効であることを指摘されています。坂本龍生先生は、それを感覚統合理論として提唱されていますが、感覚統合理論では、自閉症の子どもたちの感覚（視覚や聴覚、触覚や味覚・嗅覚、固有覚など）がバラバラに働いていることが明らかにされています。そして、バラバラに働いている感覚を一つの目的のもとに統合して使う運動経験や遊びの経験を積むことによって、運動や身体を使った遊びだけでなく、人とのコミュニケーション能力なども改善されていくことを明らかにされています。このことについては、感覚統合理論の本が多数発行されていますので、関心がある方はそれらの本を参考にされると良いと思います。

　つまり、私が単独処理機能や統合処理機能と表現していることは、脳の統合機能に関する理論の影響を強く受けています。例えば、感覚統合理論で明らかにされている「感覚が統合されていない」という事実は、発想を広げていけば「感覚をとおして認知された情報というものが統合されていない」ことにつながると私は理解しています。

　佐々木正美先生は、最近、ＴＥＡＣＣＨ（1960年代よりアメリカ・ノースカロライナ州で発展してきた、自閉症の人たちのための生活支援制度）に関する著作を数多く出されていますが、私が20年ほど

前に読んだ佐々木正美先生の本は、「脳の統合機能」に関するものでした。そして、その本に強い影響を受け、自閉症の子どもたち一人一人とかかわり、「脳に何らかの要因による機能不全がある」ということの意味を考え続けてきました。同時に感覚統合理論等も勉強しました。そして、自閉症の子どもたちとの数多くの失敗や成功のやりとりを経て、「さまざまな感覚をとおして認知された別々の情報が統合されていない、あるいは、統合されにくいと考えてはどうだろう」という結論に達しました。経験にもとづいて構築した論ですが、そのベースにあるのは、佐々木正美先生の脳の統合機能に関する理論や坂本龍生先生の感覚統合に関する理論です。

(3) 統合処理機能の不全

ここまで述べてきたことをもとに、ＡＤＨＤ、高機能自閉症・アスペルガー症候群の「脳に何らかの要因による機能不全がある」ということを以下のように解釈しました。

○脳が情報を処理する働きは、二つの機能の力によって決まる。
○ＡＤＨＤ、高機能自閉症・アスペルガー症候群の子どもたちは、その一つの機能である「統合処理機能」に不全がある。
○しかし自閉症の子どもたちと違って、もう一つの機能である「単独処理機能」は私たちと同等か、それ以上に高い。

「何らかの要因」については、私もはっきりと分かりません。しかし、前段であげた四名の先生方の理論を頭に置きながら、自閉症の子どもたちと数多くかかわってきたなかで、「脳の機能不全」とは「脳の統合処理機能の不全」ではないかと考えました。前述のように、

自閉症の脳の機能不全とADHD、高機能自閉症・アスペルガー症候群の脳の機能不全は同じものであると解釈できます。つまり、ADHD、高機能自閉症・アスペルガー症候群の脳の機能不全も「脳の統合処理機能の不全」であると考えました。

先に提示した知能の分布図（図6）でいうと、ADHD、高機能自閉症・アスペルガー症候群の子どもたちは、分布図の2番目の円や3番目の円、あるいは、その境界線あたりで、単独処理機能に偏ったところに点として位置づけられる子どもたちではないかと私は考えています。そうすれば、ADHD、高機能自閉症・アスペルガー症候群の子どもたちの定義である、知的発達に遅れがないか軽いという意味についても納得がいきます。知的発達に遅れがないか軽いということは、ある程度さまざまな教科のテストで、普通かそれ以上の得点をとることができるということです。そして、各教科のテストの設問を思い浮かべてみると、暗記や計算だけで答えられる設問が多数あります。それらをすばやく、正確に答えていけばある程度の得点は可能です。つまり、単独処理機能に優れた脳であれば、知的発達に遅れがないということになります。

また、前項で、脳の働きを二つの機能に分けてとらえるということを説明する際に、「3×4＝」という数式と、「リンゴを3個ずつ4人に配りました。リンゴは全部でいくつあるでしょう？」という文章題を例にして、単独処理機能と統合処理機能の説明を行いました。ADHD、高機能自閉症・アスペルガー症候群の子どもたちは、計算はできるけれど、文章題になると分からなくなることが多いと言われます。単独処理機能が正常であっても、統合処理機能に不全

があれば、計算はよくできても文章題は解けないということになると考えられます。

章の最後に、「脳に何らかの要因による機能不全がある」といわれるADHD、高機能自閉症・アスペルガー症候群の子どもたちの、脳の情報処理に関する力を示すイメージ図として、図7を作成しました。

知的発達に顕著な遅れがみられないということですから、図7で表したように、単独処理機能は私たちと同程度かそれ以上の力があるはずです。しかし、統合処理機能は、その言動が問題として感じられる度合いが強ければ強いほど、その力は低いと考えます。タイプとしては、図5-1（自閉症児のイメージ図）と図5-4（単独処理機能の力で頭の良さを感じさせる人のイメージ図）の中間になります。

このことに関して、「脳の機能不全についての考え」は、私たちの周りにいるごく普通の人たちや子どもたちの延長線上に、ADHD、高機能自閉症・アスペルガー症候群の子どもたちがいることを感覚的に理解することが重要なポイントになると述べました。そのことから、ADHD、高機能自閉症・アスペルガー症候群の子どもたちをタイプとして自閉症と単独処理機能の力で頭の良さを感じさせる人の中間に位置づけました。

単独処理機能の力で頭の良さを感じさせる人の特徴（すべての人がそうであるという意味ではありません）として、人の話を聞かないとか、協調性に欠けるとか、気むずかしいなどということがあげられます。すなわち、ADHD、高機能自閉症・アスペルガー症候

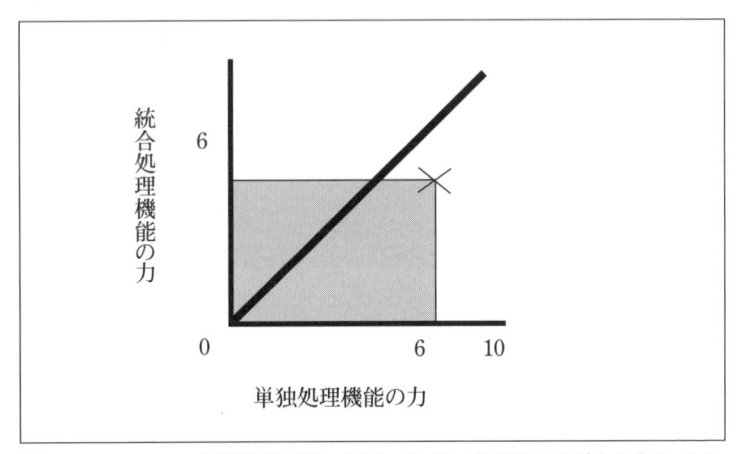

図7-1 ＡＤＨＤ、高機能自閉症・アスペルガー症候群の子どもたちのイメージ図
（特徴的な行動はあるが、その行動があまり問題にならない場合）

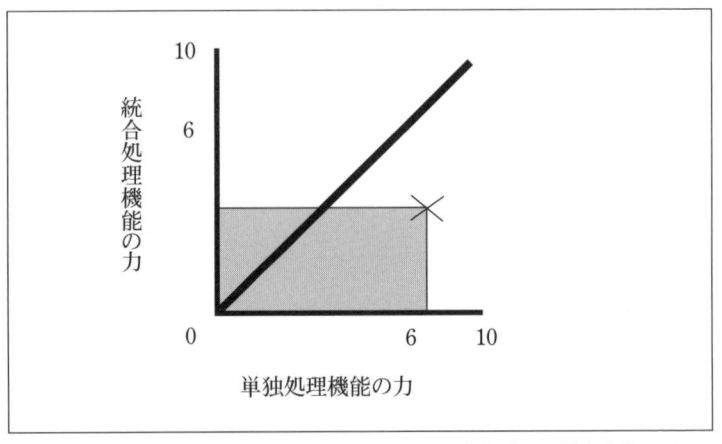

図7-2 ＡＤＨＤ、高機能自閉症・アスペルガー症候群の子どもたちのイメージ図
（特徴的な行動が、さまざまなトラブルを引き起こす場合）

群の子どもたちに見られる行動の障害の特性と、とても似ている人物評価なのです。

　そのように考えれば、私たちの周りにいるごく普通の人たちや子どもたちの延長線上に、ＡＤＨＤ、高機能自閉症・アスペルガー症候群の子どもたちがいるということを、理屈ではなく感覚的に理解できるのではないでしょうか……。

注
（1）故田中寛一博士が、アメリカのビネー式知能検査のスタンフォード改訂版をもとに作成した個別式知能検査の一つで、現在、第Ⅴ版に改訂され、日本で広く使われています。
（2）科学的な根拠はありませんが、自閉症の子どもは単独処理機能の力を５、統合処理機能の力が４と考えて５×４＝20。ダウン症の子どもは単独処理機能の力を4.3、統合処理機能の力が4.6と考えて4.3×4.6＝19.8と計算しました。なお、上記の数値を当てはめたのは、二人のいろいろな場面の様子からこのような感じだろうという私の主観的推測と、標準的な人が６×６＝36とすれば、20は56パーセントになり、ＩＱの数値に近いものになるからです。
（3）神経細胞のニューロン間で信号（刺激）をやりとりするために必要な物質は、神経伝達物質と呼ばれています。50種類以上の神経伝達物質が確認されていますが、その働きが比較的分かっているのは20種類といわれています。精神活動面で重視されるのはγ－アミノ酪酸、ドーパミン、ノルアドレナリン、セロトニンなどです。特に、ドーパミン、ノルアドレナリン、セロトニンを総称して、モノアミン神経伝達物質と言われていますが、最近の研究から、モノアミン神経伝達物質は、多数の脳内の部位に大きな影響を及ぼすことが分かってきています。
（4）時実利彦氏は、元東京大学医学部教授で脳の研究の第一人者です。特

に、私の論のもとになったものは、『脳の話』(岩波新書、1962年) という著書です。
(5) 角田忠信氏は、元東京医科歯科大学教授で脳の研究の第一人者です。私の論のもとになったものは、『日本人の脳』(大修館書店、1978年) と、『右脳と左脳』(小学館、1982年) という著書です。
(6) 佐々木正美氏は、児童精神科医で自閉症児療育の第一人者です。特に、私の論のもとになったものは『自閉症児の学習指導』(学習研究社、1980年) という著書です。
(7) 坂本龍生氏は、神戸大学名誉教授で感覚統合理論の第一人者です。特に、私の論のもとになったものは『感覚統合法の理論と実践』(学習研究社、1985年) という著書です。

第2章

言動の理解、及び、支援についての話

　第1章で、「ADHD、高機能自閉症・アスペルガー症候群の子どもたちは、脳の『統合処理機能』に不全がある」という話をしました。

　この第2章では、第1章でまとめたことで、発達障害がある子どもたちの困難さや不適応の具体例について解説を行います。そして、その解説にしたがって、不適応の具体例に対する支援のポイントをまとめます。

　第1章で、ADHD、高機能自閉症・アスペルガー症候群の子どもたちが私たちの周りにいるごく普通の人たちや子どもたちの延長線上にいるという主張をしました。その視点から考えると、障害の特性に応じた支援のポイントではありますが、身近なもののなかにも支援のヒントがあることになります。彼らが、ごく普通の人たちや子どもたちの延長線上にいることをさらに理解してもらうために、支援のポイントについては、できるだけ身近なものに絡めながらまとめてみたいと思います。

　なお、解説と支援のポイントは、私が行った教育相談など、実際の事例でまとめたいところですが、あらゆる困難さや不適応などの相談を受けているわけではありません。そこで「特別な教育的支援

を必要とする子どものサポートマニュアル⁽¹⁾」という、私の地元である長崎県教育委員会が発行した手引き書が簡潔に分かりやすくまとめられていることから、これをもとに解説を行い、支援のポイントをまとめてみようと思います。

1．ＡＤＨＤの子どもたち

困難さと不適応の具体例（サポートマニュアルより）

【困難さ】

> ＡＤＨＤの子どもたちは、中枢神経系に何らかの要因による機能不全があり、それが、不注意や多動性、あるいは、衝動性といったコントロールの困難さの起因になっている。そして、そのために、不注意からくる不適応や多動性からくる不適応、あるいは、衝動性からくる不適応など、ＡＤＨＤの特徴的な行動障害が生じている。結果的に、そのことによって集団生活への適応困難という状況が生じる。

【不適応の具体例】

> (1) 不注意からくる不適応
> ○ 学習で細かいところまで注意を払わなかったり、不注意な間違いをしてしまう。
> ○ 周囲の様子や友達の言動に注意がいってしまい、課題や遊び

を集中して続けることが難しい。
○ ものごとを最後までやり遂げることが難しい。
○ 授業中に教師の話や友だちの発表を聞いていない。また、ぼうっとしていることが多い。
○ 忘れ物が多かったり、持ち物をよくなくしてしまう。
など

(2) 多動性からくる不適応
○ 授業中なのに勝手に席を離れたり、教室から出て行ってしまう。
○ 朝会や集会などきちんとしなければならない時に、走り回ったり、高いところに登ったりする。
○ 着席していても、手足をそわそわ動かしたり、もじもじしたりして落ち着きがない。
○ 過度にしゃべる。など

(3) 衝動性からくる不適応
○ したいこと思いついたことをすぐに行動に移してしまう。
○ 教師の指示や説明が終わらないうちに、すぐに答えてしまう。
○ 自分の順番を待つことができない。
○ 友達のしていることが気になり、ちょっかいを出してしまう。
など

困難さについての解説

まず「困難さ」のなかの「中枢神経系に何らかの要因による機能不全があり、それが、不注意や多動性、あるいは、衝動性といったコントロールの困難さの起因になっている」についての解説を試みます。

私の論では、脳内神経伝達物質の分泌上の問題か、シナプスの形成の問題かは分かりませんが、何らかの要因によって、「脳の統合処理機能に不全があり、それが、不注意や多動性、あるいは、衝動性といったコントロールの困難さの起因になっている」ということになります。

子どもたちの周りは、注意を引く刺激がたった一つしかないという状態が異常で、どんな場所でもどんなときにもいろいろな刺激が溢れています。しかし、子どもたちは、その場所や時に合わせて、一つの事柄にある程度集中することができます。つまり、課題などに対して注意を持続したり、動き回らないように、あるいは、衝動的に行動しないように自己統制を行ったりして、うまくコントロールしているということです。

どうして、そのようなコントロールができるのか、それは、子どもたちの脳が、いろいろな情報を統合的に処理して、優先すべき課題などを判断しているからだと考えます。

例えば、マット運動という体育の時間を考えてみてください。「今日は、マット運動をする」という課題意識は、脳のなかにある一つの情報として解釈できます。また、「今は、体育の時間である」とい

う認識も脳のなかにある一つの情報として解釈できます。さらには、「いつか、授業で勝手に動き回ったら、先生におこられた」というような過去の経験も、脳のなかにある一つの情報として解釈できます。そのような情報があるのですが、運動場や体育館には、マット以外にもボールや鉄棒など、子どもたちが興味を示す教材がたくさんあります。それらの教材を見て、「ボールで遊んでみたい」などと考えることは、脳のなかに新たに生じた一つの刺激(情報)であると解釈できます。しかし、このような場合、脳の統合処理機能に不全がない子どもたちは、それらの情報を統合的に処理して、「今は、マット運動を続けよう」というように、注意を持続しているのではないでしょうか。

しかし、脳の統合処理機能に不全があるADHDの子どもは、いくつもの情報を統合的に処理することに困難があります。マット運動という場面で、「ボールで遊んでみたい」と考えたとき、「今日は、マット運動をする」という情報も、「今は、体育の時間である」という情報も、「いつか、授業で勝手に動き回ったら、先生におこられた」というような情報も、「ボールで遊んでみたい」などと考えたことを抑止する情報として生かされにくいと考えることができます。

つまり、注意が持続できなかったり、動き回ったり、衝動的に行動してしまったりしてコントロールが困難になるのは、脳の統合処理機能が正常に働いていないと解釈すれば納得がいくと考えます。

図8は、第1章の図3を、今述べたことに当てはめてイメージ化したものです。点線の部分が情報を統合的に処理する過程になります。通常は、図8-1のように、点線部分の情報が生きてうまくコン

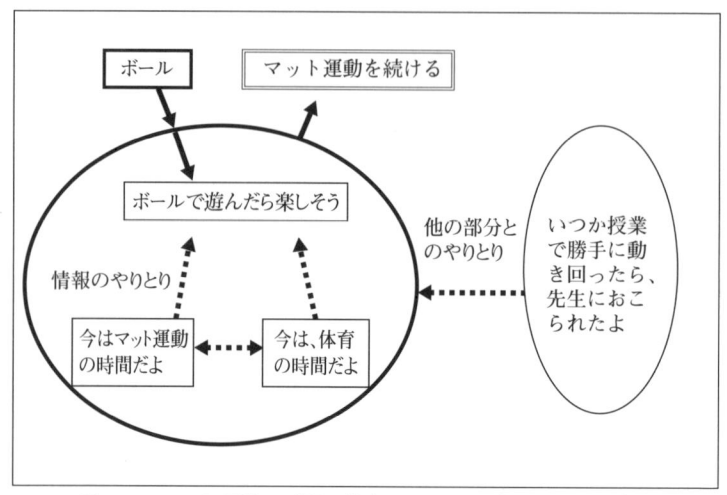

図8-1　マット運動の時間に集中している子どものイメージ図

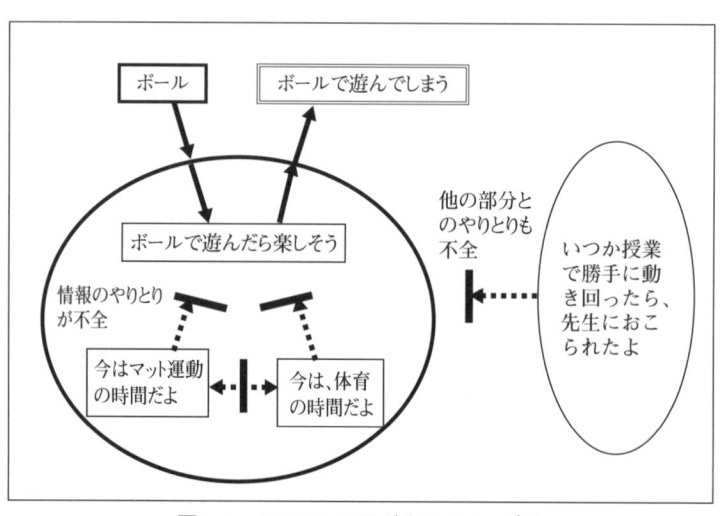

図8-2　ＡＤＨＤの子どものイメージ図

トロールでき、ボールを見てもマット運動を続けることができます。しかし、脳の統合処理機能に不全があるADHDの子どもは、点線部分の情報がうまく生かされないと考えられます。そして、脳の統合処理機能がうまく機能していないと考えると、図8-2のように、ボールを見て、ボールで遊ぶことになります。

ちなみに、ADHDとは、アメリカ精神医学会の診断基準第4版（DSM－Ⅳ）にある診断名で、「Attention-Deficit/Hyperactivity Disorder」の頭文字をとって、ADHDと表記されています。日本語では、「注意欠陥／多動性障害」と訳されていますが、注意が持続せず、動き回るという症状は、図8-2で表したイメージ図に当てはめると、さまざまな場面の行動も納得がいくように理解できると思います。

また、衝動性については特に触れませんでしたが、「衝動的に行動してしまう」ことは、ボールを見てボールで遊ぶことと同じで、新たに生じた何らかの刺激（情報）にすぐ反応していることであると解釈します。ただ、何（刺激）に反応したのかということが分かりにくいため、理由もなく衝動的に行動しているようにみられると考えます。

不適応の具体例についての解説と支援のポイント

次に、前段で述べたことを踏まえ、具体例についての解説を行ってみます。そして、その解説にもとづいて、具体例ごとに支援のポイントをまとめます。

なお、解説が重複すると思う部分は、具体例をまとめて解説しま

すが、できるだけ丁寧に解説し、支援のポイントをまとめていきたいと思います。

(1) 不注意からくる不適応

> ○ 学習で細かいところまで注意を払わなかったり、不注意な間違いをしてしまう。

＜解説＞

　問題を解こうとするとき、私たちは、「あっ、分かった」と思う一瞬があるとともに、「いつか、早とちりで失敗してしまったことがあったな。もう少し、問題をよく読もう」というように考えることをします。また、長い文章題を解くときは、文章を頭のなかでいくつかの細かい情報に分け、それらを並べ替えて整理し、統合的に処理しながら解きます。

　つまり、「あっ、分かった」と思っても、過去の失敗や経験という情報を統合的に処理して、不注意による失敗を回避しているのです。また、頭のなかでいくつかの情報を統合的に処理しながら問題を解いている場合もあります。

　しかし、脳の統合処理機能に不全があることで、過去の失敗や経験という情報が統合的に処理されないとしたら、「注意不足と表現されてしまう失敗」が起こると考えます。また、いくつかの単語を並べ替えて短い文を作ったり、長い文章題を解いたりするような、「いくつかの情報を統合的に処理しながら解く問題」は、脳の統合処理

機能に不全がある人にとって、そもそもうまく解けない問題であるとも考えます。そして、脳の統合処理機能に不全がない人たちには、「いくつかの情報を統合的に処理できない」という状況が理解しにくいために、「不注意による間違い」と表現されてしまうと考えます。

＜支援のポイント＞

> ○ 過去の失敗や経験という情報を、目の前の課題と結びつきやすくする。

過去に失敗したことなどはよく覚えているのですが、それらの情報と目の前の課題を結びつけて考えることに困難があるということが、「脳の統合処理機能の不全」の特徴になります。ですから、「最後まで問題をよく読もう」とか「○○に気をつけて問題を解こう」などというように、どのような経験を生かしてほしいのか、あるいは、どのような点に気をつけて問題を解けばよいのかを、問題を提示すると同時に板書や口頭などで指示します。そうすれば、「今、気をつけること」と意識できるので、注意不足による間違いと表現される失敗が回避しやすくなると考えます。

身近なことにからめて考えると、このポイントは、問題集を解くことは難しいけれど、「解くヒント」が載っている参考書の問題を解くことはできるという、参考書の発想に似ていると考えます。

ただし、この支援のポイントが、問題を解くヒントになり過ぎる場合などで全体化したくないときには、個に配慮した支援として、個人的に伝える工夫を行えばよいと考えます。

○ いくつかの情報を具体的に目で見ながら操作できるようにする

　「いくつかの情報を統合的に処理しながら解く問題」は、カードなどを利用し、いくつかの情報（何が、どこで、何を他）を、一つ一つ目に見える形にします。そして、それらのカードを机上で操作しながら問題を解くように支援を行います。そうすれば、具体的に、「いくつかの情報があり、それを操作しながら問題を解く」ということが分かるので、統合的に処理しながら問題を解くことができるようになると考えます。

　身近なことで考えると、たくさんの情報を集めて課題や問題点を整理するときなどに、私たち教師が用いるＫＪ法(2)に似ていると考えます。普通、数個程度の情報はそれらを簡単に結びつけて処理できると思いますが、ＡＤＨＤの子どもたちには、数個程度の情報も手に余るほどたくさんの情報であると考えます。

○ 周囲の様子や友達の言動に注意がいってしまい、課題や遊びを集中して続けることが難しい。
○ ものごとを最後までやり遂げることが難しい。

＜解説＞
　私たちは、さまざまな情報や刺激を統合的に処理して、優先すべき情報を保ち続けます。しかし、脳の統合処理機能に不全があると新たに生じた刺激（情報）に注意が向かってしまうと考えます。つまり、ある物事に取り組んでいるという課題意識が、次に生じた情

報を抑止するように働かないことが脳の統合処理機能の不全の特徴と考えられます。

ですから、「課題や遊びをしている」または「しなければいけない」という情報が、周囲の様子や友達の言動に向かった意識を抑止する情報として統合的に処理されないために、課題や遊びを集中して続けることが困難になるのでしょう。また、前項で解説に用いた図8-2のように、新たな刺激にすぐ反応してしまい、ものごとを最後までやり遂げることが難しくなるとも考えます。

＜支援のポイント＞

> ○ 注意や課題意識をリセットさせる。

ある物事に取り組んでいるという課題意識が、次に生じた情報を抑止するように働かないことや、新たな刺激にすぐ反応してしまうことが脳の統合処理機能の不全の特徴になります。ですから、この不適応は、脳の統合処理機能に不全があるため仕方ないと思うことが必要になります。ただし、新たな刺激に反応したときなど、「今はこのことに取り組んでいるよ」と、再度伝えることで、中断はあっても課題や遊びに集中したり、ものごとを最後までやり遂げたりすることが可能になると考えます。身近なことで考えても、私たちが仕事をする場合に、一つの仕事の途中で他の仕事が入り、中断しなければいけないということがよくありますが、うまく気持ちを入れ替えると再び元の仕事に戻れます。自分で気持ちが切り替えにくければ、周りの人が切り替えてあげればよいと考えます。

ただし、注意や課題意識をリセットさせるとき、大きな声での叱

責や注意は、「おこられた」というような新たな刺激を生じさせることになるので、機械的・事務的な口調で注意をする方がよいでしょう。また、次に述べますが、言葉というものを理解・駆使することに困難がある子どもたちですから、やるべきことを板書やカードで示し、視覚的に分かりやすい方法でリセットしてあげることも効果があると考えます。

○ 授業中に教師の話や友だちの発表を聞いていない。また、ぼうっとしていることが多い。

＜解説＞
　言葉というものは、いくつもの事象から共通性を見つけ出し抽象化したものです。例えば、コップには、いろいろな形や材質のものがあります。それらの、形や材質等の異なるいろいろなコップから、「液体を口に運ぶために、ある一定の大きさをもち、ある一定の形状をした器」という共通性を見つけ出し、抽象化したものが「コップ」という言葉です。ですから、いろいろなコップから共通性を見つけ出す過程では、脳の統合処理機能を十分に働かせて処理することが不可欠になり、その機能に不全があると、言葉というものを十分に理解・駆使することが困難になります。

　また、断定を避け、言外の意を汲み取ることを相手に求めるのが日本語の特徴でもありますが、言外の意を汲み取るためには、前後の脈略などを統合的に処理しなければなりません。つまり、言葉だけによる情報は、ＡＤＨＤの子どもたちにとって処理することが大

変苦手になるということです。

　苦手なことに集中して取り組み、ぼうっとしないことは、大人にも困難なことです。脳の統合処理機能の不全によって、言葉をうまく理解・駆使できないことから、授業中に教師の話や友だちの発表を聞かなくなったり、ぼうっとしたりすると考えます。

＜支援のポイント＞

> ○ 言葉を視覚化し、時間をかけて理解できるようにする。

　抽象的な言葉というものを理解・駆使することに困難があると解釈すると、支援のポイントとして、抽象的な言葉というものを視覚化することが考えられます。つまり、教師の発問の重要なことを板書やカードで示したり、友達の発表内容などを板書したりしていけば、視覚的に時間をかけて理解することができるので、授業に集中しやすくなると考えます。

　身近なことで考えれば、理解力に差がある子どもたちが40人もいても、教材準備や板書計画が十分になされた授業では、40人の子どもたちがそれぞれよく集中できることに似ていると考えます。言葉だけで授業を進めず、教材準備や板書計画を十分に行うなど、通常の授業で行っている努力をすればよいともいえる、と考えます。

> ○ 忘れ物が多かったり、持ち物をよくなくしてしまう。

＜解説＞

　脳の統合処理機能に不全があると注意が持続しにくいことは、これまで述べたとおりです。先に解説で用いた図8-2で表したように、

脳の統合処理機能の不全によって、目の前に関心のある事象が起こると、それに注意が向かい、それまで意識していたことを忘れてしまうことになると考えます。

ただし、知的障害がある子どもたちにみられるように、まったく忘れてしまうのではなく、ＡＤＨＤの子どもたちは、脳のどこかの引き出しに収納し、その引き出しを閉めてしまったような状態であろうと考えます。そして、それを開けるような外部からの刺激（情報）があれば、思い出すことが可能であると考えます。

＜支援のポイント＞

○ 思い出すきっかけを作る。

脳のどこかの引き出しにしまい込んでしまったと解釈すれば、それを開けるような刺激を用意すればよいと考えられます。「忘れ物ノート」を用意するなどして、家に帰ったときと登校前にそのノートを開く習慣を身につけさせる、保護者の方が一緒に確認するなどの習慣を身につけさせるなどすれば、忘れ物はなくなると考えます。

身近なことで考えると、脳の統合処理機能に不全がない人たちも、心配事があったり何かに熱中したりしていると、忘れ物をしたり、持ち物をなくしてしまったりします。そのような不安があるとき、私たちは、メモに残すとか、手の平にマジックペンで書くなどして忘れないように注意をしますが、このポイントは、それと似たことであると考えます。

第 2 章　言動の理解、及び、支援についての話　61

(2)　多動性からくる不適応

> ○ 授業中なのに勝手に席を離れたり、教室から出て行ってしまう。
> ○ 朝会や集会などきちんとしなければならない時に、走り回ったり、高いところに登ったりする。

＜解説＞

　先に体育の時間を例にして解説したとおりの解釈が成立すると考えています。今は授業中であるとか、この課題に取り組まなければいけないとか、あるいは、席を立ったらいけないなどという情報が、行動を抑止する情報として統合的に処理されないために、勝手に席を離れたり、教室から出て行ってしまったりすると考えます。また、朝会や集会などのときに走り回ったり、高いところに登ったりすることは、行ったところにあった刺激に、「楽しそうだ」と脳が反応してしまった結果として現れるものだと考えます。これらの解釈については、先に解説で用いた図8-2がそのまま当てはまると考えます。

＜支援のポイント＞

> ○ 注意や課題意識をリセットさせる。

　「周囲の様子や友達の言動に注意がいってしまい、課題や遊びを集中して続けることが難しい」「ものごとを最後までやり遂げることが難しい」という具体例の支援のポイントがそのまま流用できると考えます。現れる言動は違いますが、その原因になるものは脳の統合処理機能の不全であるととらえると、支援のポイントがたくさんあ

るわけではありません。

　脳の統合処理機能の不全があると、いくつもの情報を結びつけて処理し、優先すべき課題を判断することに困難があります。しかし、具体的に指示すれば、優先すべき課題が何かを理解することはできます。課題意識が途切れたことを問題にせず、どうしたら課題にすばやく戻れるかということを問題にして、「途切れた課題意識を、再度意識させる工夫を行う」ことが大切であると考えます。

○ 着席していても、手足をそわそわ動かしたり、もじもじしたりして落ち着きがない。

＜解説＞

　脳の統合処理機能がうまく働かないと、入ってくる情報を統合的に処理して、優先すべき情報を判断することに困難が生じます。つまり、いろいろな刺激に知らず知らずのうちに脳が反応してしまい、どの刺激による情報を優先すべきかが混乱することで、落ち着かない状態が生じると考えます。そして、落ち着かない状態になるため、手足をそわそわ動かしたり、もじもじしたりすることになるでしょう。また、授業が、先に説明したように「理解・駆使することが困難な言葉」だけで進められているとしたら、注意を持続できにくくなるだろうなと子どもたちに同情したくもなります。

＜支援のポイント＞

○ 分かりやすい授業を工夫する。

「発達障害がある子どもたちの支援は特別なことをするのではない」とよく言われます。「何をするのかを明確に示すこと」と「何に気をつけるのかを分かりやすく伝えること」、そして「子どもたちの興味・関心が持続するように工夫を行うこと」は、すべての授業に共通したものであるはずです。そのことを、言葉だけに頼らず、教材の工夫や入念に板書計画を行うなどして実現できれば、この不適応は改善されると考えます。

「発達障害がある子どもたちの支援」と難しくとらえず、「すべての子どもにとって分かりやすい授業の工夫」というようにとらえてはどうかと考えます。

> ○ 過度にしゃべる。

<解説>

しゃべって良いとき悪いときといった場の状況を理解することは、前後の流れやその時間の意味など、いくつもの情報を統合的に処理して初めて可能になることです。ですから、脳の統合処理機能に不全があると、場の状況が読めないという状態が生じてしまうと考えます。

場の状況を考えず過度にしゃべるということは、他のいくつもの情報を統合的に処理して、場の状況を読み、しゃべりたいという欲求を抑止することが困難になるために起こると考えます。

<支援のポイント>

> ○ 場の状況を分かりやすく伝える。

「場の状況が理解できる」と思うから、過度にしゃべると問題視してしまいます。「脳の統合処理機能の不全によって、場の状況が理解できにくい」と思えば、支援のポイントは、「場の状況を具体的に伝えること」になります。

「今はしゃべらない」と言葉で伝えるのか、あるいは、板書などで伝えるのかはその子どもの実態によるでしょう。なお、脳の統合処理機能の不全により失敗経験の多い子どもたちですから、「しゃべってはいけない」という禁止の表現に対して過敏に反応することがあります。その場合、「今は黙っている」というように、行動のあり様を示す表現で伝える工夫も必要になるでしょう。

(3) 衝動性からくる不適応

衝動性からくる不適応については、個人的に思うことがありますので、支援のポイントについて、最後に一括してまとめたいと思います。

○したいこと思いついたことをすぐに行動に移してしまう。

＜解説＞

多動性のところで、授業中であるとか、今はこの課題に取り組まなければいけないとか、あるいは、席を立ったらいけないなどという情報が、行動を抑止する情報として生かされないことを述べました。衝動性からくる不適応として示されていますが、解釈はこれと同じになるでしょう。つまり、脳の統合処理機能の不全により、今はこれをしているという課題意識（情報）が、新たに生じた刺激を

抑止する情報として生かされないため、したいこと思いついたことをすぐに行動に移してしまうことになると考えます。

視点を変えると、いくつかの情報を統合的に処理することに困難があり、「勝手に行動してはいけないというその場のもつ意味を理解することができず、したいことをしてしまう」と解釈することもできるでしょう。

○ 教師の指示や説明が終わらないうちに、すぐに答えてしまう。
○ 自分の順番を待つことができない。

＜解説＞

「不注意」のところで、「あっ、分かった」と思うとともに、「いつか、早とちりで失敗してしまったことがあったな。もう少し、問題をよく読もう」というような情報が統合的に処理されないことを述べました。衝動性からくる不適応として示されていますが、解釈はこれと同じになるでしょう。

つまり、脳の統合処理機能の不全により、過去の経験や失敗が今に生かされず、教師の指示や説明の途中で「あっ、分かった」と思った瞬間に答えてしまうことになると考えます。また、「したい」と思った瞬間にしてしまい、順番を待てなくなるとも考えます。

視点を変えると、場の状況を理解することは、前後の流れやその時間の意味など、いくつもの情報を統合的に処理してできることであり、「待つという場の状況を読めないことですぐに答えてしまったり、順番を待てずにしてしまったりする」と解釈することもできる

でしょう。

> ○ 友達のしていることが気になり、ちょっかいを出してしまう。

＜解説＞

これも、いくつもの情報が行動を抑止するように生かされず、目についた「友達のしていること」という新たな刺激（情報）にすぐ反応してしまう結果、ちょっかいを出してしまうと考えます。そして、視点を変えると、「過去の経験や失敗が統合的に処理されず、友達のしていることをみていなければいけないという場の状況が読めないことで、ちょっかいを出してしまう」と解釈することもできるでしょう。

この不適応は「友達の気持ちが理解できない」と思われることが多いのですが、「理解はできるが、理解したことが行動を抑止する情報として統合的に生かされない」ということも少なくないと考えます。

＜支援のポイント＞

この「衝動性からくる不適応」については、個人的な考えですが、私は次のようにとらえています。

ＡＤＨＤが、「注意欠陥／多動性障害」であることから、「不注意」と「多動性」については納得できるのですが、「衝動性」については、その分類（ほとんどの指導書で三つの症状として示されています）に疑問を感じています。確かに、衝動的と思われる行動をとることが多いＡＤＨＤの子どもたちですが、衝動性からくる不適応の具体例で解説を試みたように、すべての不適応行動は、不注意と多動性

の解説を流用して説明できます。つまり、不注意と多動性の不適応行動に対する支援のポイントがそのまま流用できるということです。

そして、視点を変えてみたように、衝動的というより、脳の統合処理機能の不全により主に<u>場の状況が読めない</u>ことで起きる不適応だと思います。

前任校でご一緒させていただいた尾崎洋一郎校長は、長崎の痛ましい事件の後に書かれた本のなかで、「障害は事件に直結しない」と強く主張されました。

「衝動性」という分類ですが、下線部で示したように場の状況が読めないことも共通した要因になっていると考えられます。「衝動的に行動し事件を起こしてしまうことがある子ども」という誤解を拭い去るためにも、衝動性からくる不適応という分類については、「場の状況が読めないことからくる不適応」というような分類にならないものかなと思っています。そして、そのように理解し、場の状況を分かりやすく伝えてあげることが、この「衝動性からくる不適応」に対する重要な支援のポイントであると考えます。

2．高機能自閉症・アスペルガー症候群の子どもたち

困難さと不適応の具体例（サポートマニュアルより）

【困難さ】

> 高機能自閉症の子どもたちは、中枢神経系に何らかの要因による機能不全があり、それが、社会性の成立の困難さや言葉の

発達の遅れ、あるいは、特定なものへのこだわりの起因になっている。そして、そのために、社会性の成立の困難さからくる不適応や言葉の発達の遅れからくる不適応、あるいは、特定なものへのこだわりからくる不適応など、高機能自閉症の特徴的な行動障害が生じている。結果的に、そのことによって集団生活への適応困難という状況が生じる。

なお、アスペルガー症候群は、高機能自閉症の特徴のうち、言葉の遅れがみられないものである。

【不適応の具体例】

(1) 社会的関係形成の困難からくる不適応
○ 暗黙のルールが理解できない。
○ その場の雰囲気が理解できない。
○ 他者の気持ちを理解することが難しい。
○ 他者との共感ができない。
○ 相手を傷つける言動がある。
○ 友達関係をうまく作れない。
○ 集団行動や共同作業が苦手である。

(2) 言葉の発達の遅れからくる不適応
○ 単語は理解できても、文章全体を理解することが難しい。
○ 他者にうまく話しかけることができない。また、話しかけら

第2章 言動の理解、及び、支援についての話 69

れてもうまく応えることができない。
○ いつも丁寧語を使うなど、くだけた話し方ができない。
○ 字義どおりに理解してしまうため、勘違いが多い。
○ 言葉での指示を理解することが難しい。

(3) 特定なものへのこだわりからくる不適応
○ 興味関心の幅が狭いため、興味のない教科は離席したり、教室から出てしまう。
○ 日程や時間割の変更を極端に嫌い、突然の変更を受け入れることが困難である。
○ 特定のパターン(手順など)に強いこだわりがあり、パターンが崩れるとパニックになることがある。
○ 1番になることへの強いこだわりがあるため、みんなとゲームを楽しむことができない。　　　　　　など

困難さについての解説

まず、困難さのなかで示されている、「中枢神経系に何らかの要因による機能不全があり、それが、社会性の成立の困難さや、言葉の発達の遅れ、あるいは、特定なものへのこだわりの起因になっている」についての解説を試みます。

私の論では、ＡＤＨＤと同じく、何らかの要因によって、「脳の統合処理機能に不全があり、それが、社会性の成立の困難さや言葉の

発達の遅れ、あるいは、特定なものへのこだわりの起因になっている」となります。

【社会性の成立の困難さ】

社会性が成立するために必要なもの、あるいは、望ましい人間関係を作るために必要なものとは何でしょうか。いろいろあるとは思いますが、一番重要なものとして、「相手の感情や心情を理解できる」ことがあると思います。しかし、相手の感情を理解するのはとても難しいことです。それは、同じ出来事でも人によって、あるいは、状況によって感じるものや思うことが変わるからです。

例えば、誰かがテストで80点を取ったとします。普段60点ぐらいしか取れない人は喜びますが、普段90点を取っている人は悔しがります。また、普段60点ぐらいしか取れない人でも、たまたま覚えていたことが出題されて80点を取ったときと、こつこつと努力して80点を取ったときでは、褒められるなどしたときの感じ方は大きく異なります。普段90点を取る人が慰められるなどしたときも同様のことが起こります。このようにテストで80点を取ったという一つの出来事も人によって、あるいは、状況によって湧きあがる感情や心情は異なります。この難しい「人の感情や心情を理解すること」に、私たちはどのように対処しているのでしょうか。

私たちは、初対面の人の感情や心情をうまく理解できません。初対面の人でも、怒鳴っていれば怒っているのかな、泣いていれば悲しいのかな程度には理解できますが、それ以上の理解は無理です。なぜなら、感情や心情を理解するための情報があまりに少ないからです。しかし、つき合いが長くなればなるほど、あるいは、短時間

でも密度の濃いつき合いをすれば、相手の感情や心情を手に取るように理解することができます。それは、つき合うなかで起こったいろいろな出来事を覚えていて、それらの情報から、その人の性格などを把握し、さらには、そのときの状況を加味して、その人の感情や心情を推測できるからです。つまり、いくつもの情報を統合的に処理することで、相手の感情や心情を理解していることになります。

　さて、高機能自閉症・アスペルガー症候群の子どもは、脳の統合処理機能に不全があると私は考えています。統合処理機能とは、いくつかの情報を統合的に処理する機能のことです。彼らも、ある人とつき合うなかで起こったいろいろな出来事の一つ一つはよく覚えていると思います。しかし、それらの情報を統合的に処理する機能に不全があるわけですから、いろいろな情報をつなぎ合わせたり組み合わせたりしてその人の性格などを類推・把握することに困難が生じるのです。また、そのときの状況とは、その場のもつ意味や前後の流れなどから判断します。しかし、ＡＤＨＤの項で述べたように、いくつもの情報を統合的に処理して場の状況を読むことに困難があるわけですから、そのときの状況を加味することも苦手であると思われます。

　このように、「あるとき、ある場所での、ある人の感情や心情」を理解するためには、さまざまな情報を統合的に処理する必要があるわけです。ですから、脳の統合処理機能に不全がある子どもたちは、あるとき、ある場所での、ある人の感情や心情を理解することに困難が生じると考えます。つまり、脳の統合処理機能に不全があると、相手の感情や心情を的確に理解することができにくくなり、そのこ

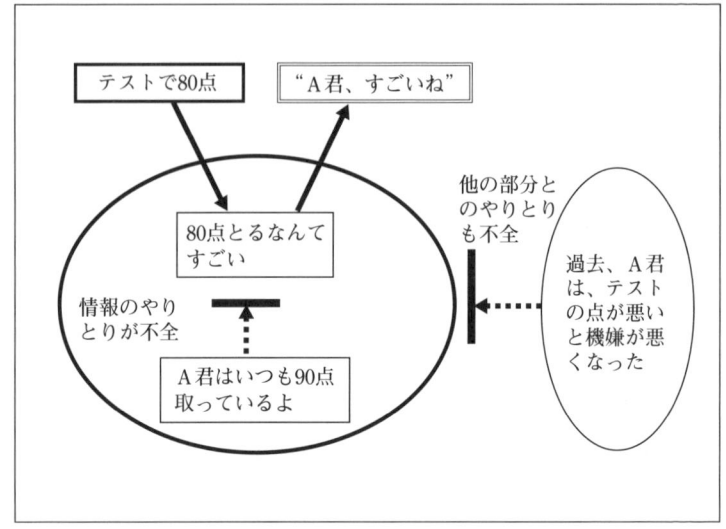

```
          テストで80点        "A君、すごいね"
                │                  ↑
                │                  │
                ↓                  │
           ┌─────────┐         他の部分と
           │80点とるなんて│       のやりとり
           │すごい   │          も不全
           └─────────┘
   情報のやり      ━             ╱ 過去、A君 ╲
   とりが不全      ↑            │ は、テスト │
                  ┆             │ の点が悪い │
           ┌─────────┐          │ と機嫌が悪 │
           │A君はいつも90点│     ╲ くなった  ╱
           │取っているよ │
           └─────────┘
```

図9 社会性がうまく成立しないイメージ図

とが主な原因で社会性がうまく成立しないと考えます。

　以上のことを、A君がテストで80点取ったときを例に図9としてイメージ化してみました。脳の統合処理機能の不全によって図9のようなことになると思います。

【言葉の発達の遅れ】

　授業中に発表を聞かなかったりぼうっとしたりするADHDの具体例のところで、「コップ」という言葉を例にして述べましたが、言葉というものは、いくつもの事象から共通性を見つけ出し抽象化したものです。そして、共通性を見つけ出し抽象化する過程では、脳の統合処理機能を十分に働かせて処理することが不可欠になり、その機能に不全があると、言葉というものを理解・駆使することが困

難になります。また、断定を避け、言外の意を汲み取ることを相手に求めるのが日本語の特徴であり、言外の意を汲み取るためには、前後の脈略などを統合的に処理しなければならないことも述べました。

つまり、言葉というものは、脳の統合処理機能に不全がある子どもたちには習得することがとても難しいものであると考えます。また、そのなかでも私たちが使っている日本語というものは、断定を避け、言外の意を汲み取ることを相手に求めるような言語ですから、習得し、使いこなすのがとても難しいと考えます。このことから、彼らに言葉の発達の遅れが生じるのは当然のことと考えます。ただし、単独処理機能の力は、普通の人たちと同等かそれ以上に高いと考えられますので、難しい語句や熟語、慣用句などを覚えて使う（場の状況に応じて駆使できるという意味ではありません）ことは可能だろうと考えます。

なお、【社会性の成立の困難さ】の段では触れませんでしたし、ここでも詳しい解説は行いませんが、言葉の発達の遅れや言外の意が汲み取れないということは、当然のことながら、社会性の成立の困難さの一因になっていると考えます。

言葉の発達の遅れに関することを、図10としてイメージ化してみました。脳の統合処理機能に不全があると、図のようなことになると思います。

【特定なものへのこだわり】
第1章で、彼らは「統合処理機能」に不全があっても、もう一つの機能である「単独処理機能」は私たちと同等か、それ以上に高い

という解説を行いました。つまり、単独処理機能の力は高いので、特定のものはよく習得できると思われます。ただし、覚えた一つのことが他のことに生かされないことは、脳の統合処理機能の不全の一つの特徴と考えられますので、特定なものにこだわっているように、一つのことを続ける場合があるはずです。

また、脳の統合処理機能に不全がある子どもたちは、苦手な言語による支援のなかで、何をどうして良いのか分からず、認知的混乱（教師の言葉だけの指示では何をどうして良いのかがわからないという意味です）をきたし、不安感を抱えながら生活していると考えます。そして、認知的混乱をきたし、不安感を抱えながら日々の生活を送っているとすれば、安心できる何かにこだわりたいのは、当然

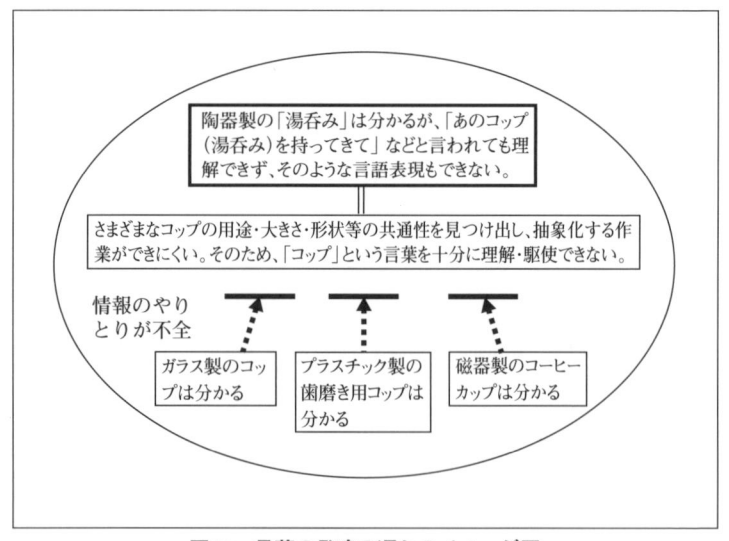

```
┌─────────────────────────────────────────────────────┐
│                                                     │
│         ┌─────────────────────────────────┐         │
│         │ 陶器製の「湯呑み」は分かるが、「あのコップ │         │
│         │ （湯呑み）を持ってきて」などと言われても理 │         │
│         │ 解できず、そのような言語表現もできない。   │         │
│         └─────────────────────────────────┘         │
│   ┌─────────────────────────────────────────────┐   │
│   │ さまざまなコップの用途・大きさ・形状等の共通性を見つけ出し、抽象化する作 │   │
│   │ 業ができにくい。そのため、「コップ」という言葉を十分に理解・駆使できない。 │   │
│   └─────────────────────────────────────────────┘   │
│  情報のやり   ▲          ▲          ▲              │
│  とりが不全   ┊          ┊          ┊              │
│         ┌────────┐ ┌────────┐ ┌────────┐         │
│         │ガラス製のコッ│ │プラスチックの│ │磁器製のコーヒー│         │
│         │プは分かる   │ │歯磨き用コップは│ │カップは分かる │         │
│         │            │ │分かる      │ │            │         │
│         └────────┘ └────────┘ └────────┘         │
└─────────────────────────────────────────────────────┘
```

図10　言葉の発達の遅れのイメージ図

のことであると理解できます。

　まえがきで引用した事例になりますが、小学部1年生の担任をしているとき、登校してから1時間目の授業になるまでの一連の流れにこだわりをもった自閉症の子どもがいました。しかし、「山で遊ぼう」という単元を実施すると、楽しくてたまらないため、少しでも早く山に行きたくて、その一連の流れへのこだわりを自ら捨てました。このことからも、彼らは、特定なものにこだわりたくてこだわっているのではなく、何かにこだわらないと不安だからこだわっていると考えます。

　「反省すべきは、彼らが苦手な言語に頼ってこれでもかというぐらいに言い聞かせて、自分は、彼らに分かるように支援を行っているという指導者の思い込み、あるいは、（これも苦手な）感情を込めて支援を行えば彼らも分かってくれるという指導者の思い込みである」と私は考えています[3]。

不適応の具体例についての解説と支援のポイント

　前項で述べたことを踏まえ、具体例についての解説を行ってみます。ここでも、重複すると思う部分は、具体例をまとめて解説を行います。また、ADHDの解説と重複する部分も多いのですが、できるだけ丁寧に解説していきたいと思います。そして、その解説にもとづいて、具体例ごとに支援のポイントをまとめます。

(1) 社会的関係形成の困難からくる不適応

○暗黙のルールが理解できない。

＜解説＞

　暗黙のルールとは、一つの場面の行動を他の場面に応用することで成立するものです。図10でいえば、言葉と同じように、いくつかの場面で行ったことを統合的に処理し、共通性や相似性を見つけ出し、ルール化されるものと考えます。

　例えば「朝、先生に会ったら挨拶をする」という行動は、共通性や相似性から「帰るとき、先生に会ったら挨拶をする」と暗黙のうちに子どもの内部でルール化されます。しかし、一つの情報が他の情報処理に生かされにくいということが、脳の統合処理機能の不全の特徴です。当然のことながら、朝と帰りに先生に会うという二つの事象が共通的・相似的にとらえられず、「≒」で結ばれません。ですから、習得した「朝の挨拶」という行動が他の場面に応用されにくく、帰りにも挨拶をするという暗黙のルール化がその子どもの内部で起こらないことになります。そして、人として当然のことですが、自分自身に起こらないことは、周りの子どもたちに起こっているとは理解できず、暗黙のルールが理解できないというより、それがあることすら理解できないことになります。

　このことで、一つ事例があります。私の出身大学に高機能自閉症の学生さんがいました。ゼミの先生にゼミ室で会ったら、毎回きちんと挨拶ができる学生さんでした。しかし、大学のエレベーターで会ったら挨拶をしなかったそうです。そこで、ゼミの先生が、「なぜ、

エレベーターのなかで会っても挨拶をしないの？」と質問すると「しなければいけなかったのですね、次からはするようにします」と答えたそうです。その結果、次の日からは、エレベーターで会ったら挨拶をするようになったそうですが、校門やキャンパスで会っても、挨拶をすることはなかったそうです。まさに、一つの情報が他に生かされない「脳の統合処理機能の不全」を物語る話だと思います。

＜支援のポイント＞

> ○ 暗黙のルールを明文化して教える。

　一つの事例として示した大学生の話から、支援のポイントは、暗黙のルールの一つ一つを具体的に教えていくことになると考えます。手順やルールにこだわるため、問題を起こすことの多い高機能自閉症・アスペルガー症候群の子どもたちですが、見方を変えると誰よりもルールを守る子どもたちと表現できます。「何も言わなくても分かるはず」と思わず「言わないと分からないことが多い」と思って、守ってほしいルールを、一つ一つ根気強く教えてあげることが支援のポイントになると考えます。

　身近なことではありませんが、例としてあげた大学生は、エレベーターの中で挨拶ができるようになりました。「キャンパスで会ったときも挨拶をしよう」と教えれば、誰よりもきちんと挨拶ができるようになると考えます。

> ○ その場の雰囲気が理解できない。

＜解説＞

　場の雰囲気というものは、いろいろな情報を統合的に処理して理解するものです。例えば、教育委員会の偉い先生が学校視察に来るとき、「先生たちが朝から玄関の掃除をしていた」という一つの情報を脳が把握します。「休み時間に校長先生と見知らぬ人たちが学校を歩いている」という一つの情報も脳が把握します。「授業中の担任の先生はいつになく緊張している」という情報も脳が把握します。そして、教育委員会の偉い先生が教室にやってきた瞬間、「担任の先生の緊張が最高潮に達した」という情報を加え、それまで把握したいくつかの情報を統合的に処理して、「何か偉い人が来たみたい、きちんとしよう」と場の雰囲気を理解するのです。しかし、いろいろな情報を統合的に処理する機能に不全があるとしたら、場の雰囲気というものは理解できないことになります。

＜支援のポイント＞

> ○ 場の雰囲気を分かりやすく伝える。

　ＡＤＨＤの項の、「過度にしゃべる」という具体例の支援のポイントがそのまま流用できると考えます。現れる言動は違いますが、その原因になるものを脳の統合処理機能の不全であるととらえると、ＡＤＨＤの子どもたちの支援のポイントと違いがあるわけではありません。場の状況が読めずに過度にしゃべることと、場の雰囲気が理解できずにいろいろと問題を引き起こすことは同一であろうと考えます。だとすれば、支援のポイントは、「場の状況を具体的に伝えること」であると考えます。「今はどのように行動すればよいのか」

を言葉だけに頼らず、視覚的にも分かりやすく伝えていくことが重要になると考えます。

○ 他者の気持ちを理解することが難しい。
○ 他者との共感ができない。
○ 相手を傷つける言動がある。
○ 友達関係をうまく作れない。

＜解説＞

この四つの不適応は、【社会性の成立の困難さ】で解説したとおりの解釈が成立すると思います。

まず、他者の気持ちとは、人によって、あるいは、状況によって変わります。それを理解するためには、いくつもの情報を統合的に処理する必要があるわけですから、その機能に不全があると理解することが難しくなります。

また、共感とは、相手の気持ちが分かってこそ成立するものです。いくつもの情報を統合的に処理する機能に不全があり、他者の気持ちを理解することが難しければ、共感ができにくいことは当然のことと考えます。

そして、他者の気持ちを理解したり、共感したりすることが難しければ、他者の気持ちに応じて適切な言動をとることが難しいのも当然です。先にあげたテストの例でいえば、普段90点を取っている人に、「80点を取ったの、すごいね」と褒めるようなものです。子どもは、感じたままを言っているのですが、言われた相手は、皮肉ら

れたと思い怒ってしまいます。

　すなわち、脳の統合処理機能に不全があることから、他者の気持ちをうまく理解したり共感したりすることに困難さが生じます。また、そのために、しばしば相手を傷つける言動をしてしまうことにもなります。そして、これらのことから、友達関係をうまく作れないということになると考えます。

＜支援のポイント＞

> ○ 周りの意識を変える。

　このことに関しては、高機能自閉症・アスペルガー症候群の子どもたちの言動を改善するより、周りの大人や子どもたちの意識を変えることが必要であると考えます。なぜなら、脳の統合処理機能の不全によって、どうしようもなく現れる言動であるからです。

　私たちの身近には、「職人気質（かたぎ）」と表現される人たちがいますが、このように表現されるのは、おいしい料理を作るとか、巧緻な作品を作るなどして、すごいと認められたときです。そして、その場合、神経質すぎるなどのその人の短所が、繊細さなどの長所としてとらえられることがあります。

　この例は極端かもしれませんが、子どもたちが互いの長所を認め、本人の努力ではどうしようもない部分は許容するような学級の雰囲気、あるいは、家庭の雰囲気ができたら、この不適応はそれほど問題にならないと考えます。

> ○ 集団行動や共同作業が苦手である。

＜解説＞

　脳の統合処理機能に不全があることから、相手の感情や心情がうまく理解できず社会性の成立に困難さがある子どもたちです。また、一つの習得した行動が他に広がりにくく暗黙のルールをうまく理解できない子どもたちです。さらには、前後の流れなどを統合的に処理できず場の雰囲気を理解できにくい子どもたちです。このように、集団行動や共同作業をうまく行うために必要と思われることに、脳の統合処理機能の不全から困難さがある子どもたちです。集団行動や共同作業が苦手であることは当然のことだと考えます。

＜支援のポイント＞

> ○ 得意とするものを生かし、集団の核にする。

　高機能自閉症・アスペルガー症候群の子どもたちは、脳の単独処理機能の力は高いので、得意とするものが結構あります。それを生かして集団活動や共同作業を仕組むことが、支援のポイントになると考えます。

　本書の読者の方にとっては身近なことではないでしょうが、知的障害の特別支援学校において、自閉症の子どもたちは、他の障害の子どもたちより正確に作業を行うことができます。私は、自閉症の子どもたちの作業を中心にして活動を仕組み、自閉症の子どもたちがいないと困る状況を作ることにより、学級や学部という集団での作業学習（知的障害の特別支援学校の中学部・高等部で、年間をとおして計画的に実施される学習の一形態）をうまく展開できたことが数多くありました。集団にどうしたらうまく入れるかと悩まず、

どうしたら発達障害がある子どもを中心に集団が作れるかというような工夫を行ってみたらどうでしょう。

(2) 言葉の発達の遅れからくる不適応

> ○ 単語は理解できても、文章全体を理解することが難しい。

＜解説＞

第1章で、脳は部分や部位で情報を処理していることを述べました。つまり、私たちは文章全体を覚えるとき、「誰が」「どこで」「何をして」「どのように思った」というような別々の情報を部位ごとに記憶します。そして、それらをつなぎ合わせて、脳のある部分が文章全体の理解を行うのですが、部位ごとに記憶した情報を統合的に処理できないことが脳の統合処理機能の不全です。当然のことながら、文章全体の理解が難しくなると考えます。

また、「言葉の発達の遅れ」で述べたことですが、言語そのものを理解するためには、統合処理が不可欠になります。さらに、言外の意を汲み取ることを求める日本語の難しさもあります。それらが重なり合って、文章全体を理解することが難しくなると考えます。

＜支援のポイント＞

> ○ 視覚的に理解したり整理したりできるようにする。

いくつかの具体例でポイントとしてあげたように、脳のなかで統合して情報を処理することに困難があるわけですから、視覚的に分かりやすい教材や計画的な板書など、言語だけに頼らない支援の工

夫が必要になると考えます。また、KJ法を例に説明したように、一つ一つの情報をカードなどにして、操作しながら文章を理解するような支援も効果があると考えます。脳のなかで、いくつかの情報を統合して処理しにくければ、目に見える形にして処理できるように工夫してあげることで、この不適応は改善すると考えます。

> ○ 他者にうまく話しかけることができない。また、話しかけられてもうまく応えることができない。

＜解説＞
　脳の統合処理機能に不全がある子どもたちにとって、感情とは理解が難しいもので、その感情をもった「人間」を相手にするのは大変な労力と努力を必要とするものであろうと想像します。（自閉症の子どもたちの多くに、機械が好きという特徴がありますが、一つの働きかけに対して一つの反応しかしない機械は安心してかかわれるからだと思われます）。そして、人に話しかけ、人から話しかけられて過去に数多くの失敗をしてきたとも思います。また、「言葉の発達の遅れ」で述べたことですが、言葉を駆使できないという側面もあるはずです。だとすれば、この不適応が起こるのは、当然のことであると考えます。

＜支援のポイント＞

> ○ 一貫性のある対応を心がける。

　周りの子どもたちには難しいでしょうが、大人は、できるだけ一

貫性をもって、高機能自閉症・アスペルガー症候群の子どもたちにかかわることが大切であると考えます。「これはダメなことだけど、今日は〇〇だから、許してあげる」というような優しさのある支援は、かえって、人とどうかかわればよいかが分からなくなり、不安感を高めてしまうと考えます。元首相を例にしてはどうかと思いますが、「この法案に反対した者は、どんな理由があってもダメ」というように強烈なほど一貫している人の方が、分かりにくい優しさを示す人より、高機能自閉症やアスペルガー症候群の子どもたちにとって安心できる人になることがあると思います。まずは、かかわる大人が一貫した態度を示して安心できる存在になり、安心してかかわる場面をたくさん作って、人とのかかわりに関する成功体験を数多く積ませることが、この具体例の改善につながると考えます。

○ いつも丁寧語を使うなど、くだけた話し方ができない。

＜解説＞

脳の統合処理機能の不全より、言葉の発達に遅れがあるわけですから、言葉を駆使できない面があっても当然と考えます。

また、くだけた話し方は、場の状況や相手の感情・心情に合わせて使います。これまで述べてきたように、脳の統合処理機能の不全によって、場の状況や相手の感情・心情などを理解することが難しいわけですから、いつも丁寧語を使うなど、くだけた話し方ができないことにつながると考えます。

＜支援のポイント＞

> ○ くだけた話し方ができないことにこだわらない。

　このことに関しても、高機能自閉症やアスペルガー症候群の子どもたちの言動を改善するより、周りの大人や子どもたちの意識を変えることが必要であると考えます。それは、脳の統合処理機能の不全によって、どうしようもなく現れる言動であるからです。

　丁寧な話し方をおかしいと問題にせず、丁寧な話し方で、きちんと必要なことを伝えたのか、それとも、伝えきれなかったのかを問題にするような学級や家庭の雰囲気作りに努めたいものです。くだけた話し方ができなくても、必要なことが伝わればよいと周りの人たちが思えるようになることが、支援のポイントになると考えます。

> ○ 字義どおりに理解してしまうため、勘違いが多い。

＜解説＞
　日本語は、「腕をあげる」「頭を冷やす」という言葉のように、使うとき、使う場所、使う人によって一つの言葉のもつ意味が異なってきますので、うまく使うためには、使うとき、使う場所、使う人というような情報を統合的に処理することが不可欠になります。また、日本語は、言外の意を汲み取ることを相手に求める言語でもあり、言外の意を汲み取るためには、さまざまな情報を統合的に処理しなければなりません。脳の統合処理機能に不全があるということは、これらがうまく処理できないことです。そして、そのために、言葉を字義どおりに理解してしまうことになり、勘違いが多いとい

うことになると考えます。

＜支援のポイント＞

```
○ 勘違いしない表現で話しかける。
```

　脳の統合処理機能に問題がない人たちは、ここまで説明してきたいくつかのことを統合的に処理して、「何を勘違いするのか」がだいたい分かったはずです。ですから、勘違いしない表現で話しかけることができると思います。

　子ども同士のかかわりのなかで勘違いが起こったときには、日本語の難しさを解説し、周りの子どもたちにどうして勘違いしたのかを一つ一つ説明してあげることも、大切な支援のポイントになると考えます。

```
○ 言葉での指示を理解することが難しい。
```

＜解説＞

　何度も言うようですが、言葉とは、もともと、いくつもの事象から共通性を見つけ出し抽象化したものであり、共通性を見つけ出し抽象化する過程では、脳の統合処理機能が不可欠になります。また、統合処理機能を働かせ、場の状況を読んで適当な表現をしなければいけません。さらには、統合処理機能を働かせないと駆使できない日本語の難しさもあります。脳の統合処理機能に不全がある子どもたちが、言葉だけでの指示を正しく理解できると考える方がおかしいと思います。

＜支援のポイント＞

```
○ 視覚的に分かりやすく指示を出す。
```

　何より、「彼らが苦手な言語に頼ってこれでもかというぐらいに言い聞かせて、自分は、彼らに分かるように支援を行っているという指導者の思い込み」が、大きな問題であると考えます。

　いくつかの具体例でポイントとしてあげたように、言語だけに頼らない支援を必要としている子どもたちです。必要な教材を用意したり、計画的に板書などを行ったりして、視覚的に分かりやすい支援を工夫することが大切であると考えます。

(3) 特定なものへのこだわりからくる不適応

　この不適応については、先に述べたように、「特定なものにこだわりたくてこだわっているのではなく、何かにこだわらないと不安だからこだわっている」という見方を私はしています。少し強く主張したい見方なので、支援のポイントのまとめ方を変えます。

> ○ 興味関心の幅が狭いため、興味のない教科は離席したり、教室から出てしまう。

＜解説＞

　脳の統合処理機能に不全があると、覚えた一つの事象を他に広げたり応用したりすることが困難なため、興味・関心の幅が狭くなるのは仕方ないと思います。しかし、離席したり、教室から出て行っ

てしまうことに関しては、興味・関心の幅が狭いというよりは、ＡＤＨＤの項で体育の授業を例に解説したような理由によると考えます。つまり、授業中であるという意識や過去に叱られた経験などが、新たに生じた興味・関心を抑止する情報として統合的に処理されないために、離席したり、教室から出てしまったりすることになると考えます。

＜支援のポイント＞

10年ぐらい前のことですが、高機能自閉症の子どもが通常学級に在籍していて問題になる行動が多いということで、ある小学校の先生から教育相談の依頼がありました。行ってみると、その子どもは、授業中は教室内をうろうろし、友だちに抱きついたりキスをしようとしたりしていました。また、自分の席に座っても授業と関係のない笛などを取り出し遊んでいました。授業後の掃除の時間は、雑巾は手に持っていますが、授業中の様子とまったく同じでした。そして、子どもたちが帰った後、その先生に、「授業中や掃除の時間の行動は注意しないのですか？」と尋ねると、「かつて注意をしたらパニック状態になり、（高機能）自閉症だから容認してあげなければならないのだろうと思っています」と答えられました。

この教育相談では、担任の先生に、これまで述べてきたような脳の機能不全についての考えを話し、**あれが分かるならこれも分かるはず、と判断しないこと**と**一つ一つの場面で、言語だけに頼らず分かるように注意をすること**をアドバイスしました。すると約１ヶ月後、あらゆる問題行動が改善したという電話をいただきました。つまり、太字で強調した二つの文のようなことが支援のポイントにな

ると考えます。

> ○ 日程や時間割の変更を極端に嫌い、突然の変更を受け入れることが困難である。

<解説>
　特定なものへのこだわりを解説する際に、「認知的混乱をきたし、不安感を抱えながら生活していることと、不安感を抱えながら日々の生活を送っているとすれば、安心できる何かにこだわりたいのは、当然のことである」という解説を行いました。脳の統合処理機能がうまく働かず、失敗が多かったり見通しがもてなかったりして不安だから、極端なまでにスケジュールを管理して安心したい。そのような気持ちの現れと理解しています。

　また、突然の変更を受け入れることが困難なのは、脳の統合処理機能の不全が原因であると考えています。子どもたちが、日課に変更があっても、パニック状態にならずたいしたことがないと思えるのは、過去にあったいろいろな変更をいくつもの情報として統合的に処理し、今日の変更の結果をある程度予測できるからです。しかし、予測できないとしたら、突然の変更は不安感をもたらします。

<支援のポイント>
　発達障害があると思われる子どもに、「今日は用事があるから、ちょっと残っていてね」と優しく言ったら、泣き出してパニック状態になり、どうしてなのか分からないことがありました。このことは、どのように理解したらよいのですか？

これは、地域支援である小学校に出かけたときの質問です。この質問に対して、脳の統合処理機能の不全によって、過去のいくつもの情報が結びつかず、「ちょっと残ってね」という指示が、「何をするのか」「ちょっととはいつまで残ればよいのだろう」「学校に泊まるのだろうか」「私はもう家に帰れないのでは……」などの不安感に結びついたと説明を行いました。そして、「〜をするから、何時まで残っていてね。そうしたら、何時には家に帰れるよ」と、もっと具体的に指示を出されていたらどうだったでしょう、という説明も行いました。この例のように、具体的に指示を出し、変更の結果をうまく伝えてあげることが支援のポイントになると考えます。

○ 特定のパターン（手順など）に強いこだわりがあり、パターンが崩れるとパニックになることがある。

＜解説＞
　何度も繰り返しますが、「脳の統合処理機能の不全によって認知的混乱をきたし、不安感を抱えながら日々の生活を送っているとすれば、安心できる何かにこだわりたいのは、当然のことである」と私は思います。そして、安心したいと思う根底には、「みんなと同じように勉強をしたい、みんなと同じように頑張りたい」「だから、先生、僕にも分かるように教えてよ」という気持ちがあると思っています。そして、大人はその気持ちに応えなければならないと思っています。
＜支援のポイント＞
　まえがきで、本書をまとめようと考えた理由として、問題行動へ

の直接的な支援を行うとともに、どうして問題になるような行動や言動をとるのかを理解することの重要性を述べました。つまり、これまで説明してきた「子ども理解」にもとづき、一つ一つの事柄に配慮し、不安感を抱かないで生活できる環境を整えてあげることが、何より大切な支援のポイントであると考えます。

　注(3)のなかであげた事例ですが、一定のパターンが崩れると爆発的なパニックを起こす自閉症の子どもがいました。私がかかわるようになって、これまで説明してきたような「子ども理解」にもとづき、担任の先生とともにその子どもの理解力に応じた日課の提示の仕方や指示の出し方の工夫、及び、授業の構成を見直すなどに取り組みました。その結果、パニックをよく起こしていた授業や行事にもパニックを起こさず参加できるようになり、また、日課の変更も落ち着いて受け止めることができるようになりました。

○１番になることへの強いこだわりがあるため、みんなとゲームを楽しむことができない。

＜解説＞
　１番になることへのこだわりというよりは、勝ち負けを楽しむゲームというもの自体が理解できにくいと考えます。脳の統合処理機能に不全があると過去の情報が今に生かされにくいことを何度も述べてきました。過去の経験（情報）を統合的に処理して勝ったり負けたりした後の結果の予測ができなければ、とりあえず常に勝っていたいと思うでしょう。また、ゲームを楽しむためには、相手の気

持ちを推し量ったり、暗黙のルールに従ったりすることも必要になりますが、脳の統合処理機能に不全があることからそれらが苦手であることも何度も述べてきました。それらのことから、この不適応が現れると考えます。

＜支援のポイント＞

　支援のポイントになるかは分かりませんが、15年ほど前、県下の特別支援学校が集まる体育大会の最後に行われるリレーで、優勝をめざし、まるで熱血学園ドラマのように毎日子どもたちと頑張ったことがありました。選手のほとんどは私のクラスの児童で、アンカーは、当時一番指導に熱を入れていた、負けず嫌いの自閉症のA君に決めました。当日、練習の成果と私の作戦が功を奏し、他校に一周近くの差をつけてアンカーにバトンが渡りました。「やった！1番」と思ったとたん、A君が止まって動かなくなりました。A君は、一周近く遅れている他校のアンカーを待ったのです。そして、他校のアンカーとともに全力で走り出していったのです。

　結果については触れませんが、彼らには彼らなりの美学があり、決して1番になることだけにこだわっているわけではないという話です。

　そして、この事例のように、1番になることにこだわっているわけではないと理解してあげること、及び、彼らが考えたことは何だろうと理解する努力が、大切な支援のポイントになると考えます。

3．LDの子どもたち

　第1章で、LDの子どもたちの機能障害は、他の発達障害がある子どもたちの機能不全とは質的に違うと考えていること、そのため、自閉症と診断された子どもたちとのかかわりのなかで培ってきた「脳の機能不全についての考え」は、LDの子どもたちに対してはそのままでは通用しない、あるいは、まったく通用しないこともあるのではないかと考えていることを述べました。その説明と通用する部分に関する支援のポイントをまとめてみたいと思います。

【困難さ】（サポートマニュアルより）

> 　LDの子どもたちは、中枢神経系に何らかの機能障害があり、それが、情報の処理過程での困難さの起因になっている。また、困難さは、情報の入力過程と情報の処理過程のどちらかの過程、あるいは、両方の過程にあると考えられる。そして、そのために、「聞くことの困難」「話すことの困難」「読むことの困難」「書くことの困難」「計算することの困難」「推論することの困難」など、学習障害の特徴的な困難が生じている。結果的に、そのことによって教科での学習のつまずきという状況が生じる。

＜解説＞
　LDは、発達障害のなかでただ一つ、医師による診断名でなく、教育用語です。つまり、「聞くことの困難」「話すことの困難」「読む

ことの困難」「書くことの困難」「計算することの困難」「推論することの困難」が、全部でなく特定のものとして現れた状態を指す言葉です。当然、ADHD、高機能自閉症・アスペルガー症候群の子どもたちにLD（学習障害）が現れることもあります。なお、全部、あるいは、数多く現れた場合は、知的障害となります。

　ADHD、高機能自閉症・アスペルガー症候群の子どもたちの脳の統合処理機能の不全とは、簡潔に言えば、いくつかの情報を統合的に処理できないということです。その視点で考えると、「聞くこと」「話すこと」「読むこと」「書くこと」「計算すること」「推論すること」は、いくつかの情報を統合的に処理できなければ、それなりの困難が生じると思います。

　例えば、高機能自閉症・アスペルガー症候群の子どもたちは、「推論することが困難である」とよく言われますが、推論とは、似たようないくつかの事象を統合的に処理して立論するものです。ですから、困難が生じることは自明の理になります。また、聞いたり、話したりすることも、誰が、どこで、何をなど、いくつかの情報を一時的に記憶し、記憶した情報を統合的に処理することで正しく理解するものですから、困難が生じることは容易に想像ができます。つまり、脳の統合処理機能に不全があると、教科での学習のつまずきという状況が生じるということになります。

　また、ADHDについては、「注意欠陥／多動性障害」という言葉が示すとおり、注意の欠陥と多動が主たる行動障害になります。当然のことながら、注意の欠陥と多動により、教科での学習が成立しにくくなったりつまずいたりすることになります。

しかし、ＬＤには、ひらがなだけが読めないとか、数字というものがうまく認知できないという子どもたちも含まれています。そして、この文字や数字そのものがうまく認知できないということを、第１章で語った内容に絡めて考えると、脳の統合処理機能に障害や不全があるというより、文字や数字の情報を処理する部分の単独処理機能に障害や不全があると解釈した方が納得できると考えます。

　また、ＬＤには、見るべきものではなくその背景にあるものに目を奪われたり、聞くべき音ではなく他の雑音に耳を澄ましてしまったりするなどの混乱があり、視覚や聴覚からの情報をうまく処理できない面があることも指摘されています。このことについても、統合処理機能の不全というより、視覚や聴覚から入った情報を処理する部分そのものの単独処理機能に障害や不全があると解釈した方が納得できると考えます。

　情報の入力過程と処理過程に問題があるといわれるＬＤですが、脳の統合処理機能に不全があると、特に情報の処理過程に問題が生じると考えられます。しかし、文字や数字そのものがうまく認知できないということは、特に情報の入力過程に問題があると考えた方が自然であると思われます。

＜支援のポイント＞

　このように考えていくと、ＬＤと一くくりになっていますが、いくつかの情報を統合的に処理する過程でつまずく場合と、一つの情報を正しく認知する過程でつまずく場合が混在していると考えられます。そして、前者は、脳の統合処理機能の不全として説明した方がよいと思われますし、後者は、脳の単独処理機能の障害や不全と

して説明した方がよいと思われます。

つまり、第1章でまとめた、「脳の機能不全についての考え」は、LDの子どもたちに対しては通用することもありますが、単独処理機能の障害や不全ととらえた方がよい場合もあります。通用するか、しないかは、どのようなつまずきで困難が生じているかを一人一人明らかにする必要があると考えます。

ただし、医師によって、ADHD、高機能自閉症・アスペルガー症候群という診断がなされている子どもたちに現れる学習障害は、脳の統合処理機能の不全によって起こっていると判断して間違いはないだろうと考えます。純然と区別できるものではないと思いますが、ADHDの子どもたちは、いくつかの情報を統合的に処理することに困難があるため、特に、注意が持続しなかったり、動き回ったりしてつまずきが生じることになると考えられます。高機能自閉症・アスペルガー症候群の子どもたちは、いくつかの情報を統合的に処理することに困難があるため、特に、言葉をうまく駆使できなかったり、推論できなかったりしてつまずきが生じることになると考えられます。結果的に、どちらも「教科での学習のつまずき」という状況が生じると考えられます。具体的な支援のポイントについては、ここまでまとめたものがそのまま生かせると考えます。

4．感覚の過敏性

高機能自閉症・アスペルガー症候群も含め、自閉症の子どものパニックの一因として、感覚の過敏性があげられることがあります。

実際、シャワーの水を痛いと感じたり、音楽の時間の自由練習の音をすごい騒音と感じたりするそうです。また、味覚も過敏で、食べられる種類が少ない子どもたちもたくさんいます。そこで、第2章の最後として、感覚の過敏性についての解説を試みます。脳の統合処理機能の不全という視点で考えると、このように解説できるのではないかという一つの試みです。

通常、感覚過敏の例としてあげた触覚や聴覚、味覚などの感覚というものは、独立したものであると思われていますが、実際は、他の感覚や認知情報と統合的に機能している面があると思われます。例えば、味覚ですが、視覚や嗅覚の影響を受ける面があることは簡単に理解していただけると思います。

道場六三郎さんの料理を食べる機会があったら、まず、目で見ておいしそうと感じます。においでもおいしそうと感じます。この視覚や嗅覚からの情報が、味覚に影響を与えて食べたときの味を一層おいしく感じさせます。ここまでは、今までの経験から誰でも理解できることですが、言いたいことは、「道場六三郎」という名前の情報が、料理をおいしく感じさせる面があるということです。このように、味覚は、他の感覚ばかりでなく、感覚とは無縁の認知情報とも統合的に機能していると思います。かつて、考えごとをしながらキャベツを食べて、ふっと紙を食べているようだと感じたことがありました。「体のために良い」という意識（情報）が、おいしく感じさせているのかもしれないと思ったのです。

また、感覚以外の認知情報は、統合的に処理され、「心の準備」という防衛機能としても働いていると思います。何気なく熱いお茶を

飲むときと、「熱いお茶を飲むぞ」と思って飲むときでは、感じる熱さがまったく違います。あるいは、食器が床に落ちる音なども、突然聞くと、とても大きな音に感じます。体が思わずビクッと震えるほどです。

このように、「シャワーの水は冷たいけれど、今日は天気が良くて暖かい」「前は我慢できた」などの認知情報、及び、「さあ、浴びるぞ」というような心の準備が、シャワーの冷たい水を我慢させている面があると思います。また、自由練習の音も、「頑張って練習しなければ、もうすぐ本番があるぞ」などの認知情報、及び、「さあ、うるさくなるぞ」というような心の準備が、すごい騒音として感じないように、聴覚から入ってくる情報を受け止める部分に影響を与えている面があると思います。

つまり、「私たちが感じている感覚は、脳の統合処理機能により他の感覚や認知情報と統合され制御された感覚である。感覚の過敏性とは、他の感覚や認知情報が統合的に機能しないため、制御されないままに受け止めたり、心の準備がないまま突然に受け止めたりして、過敏に感じるものである」というような解説もできるのではないでしょうか。

そして、上記のように理解すれば、事前に心の準備をさせたり、「シャワーの水温を調節する」「耳栓を用意する」など、入る刺激を調節してあげたりすることが、支援のポイントになると考えます。

注
(1) 特別支援教育の開始にあたって、平成17年10月に発行された、発達障

害がある子どもたちの理解と支援の方法に関する手引書です。県内すべての小・中学校等教員、及び、すべての学校等に配布されました。困難さなどについて、分かりやすく図式化されていますが、引用するにあたり誌面の関係で文章化しました。不適応の具体例は、そのまま引用しています。なお、このサポートマニュアルについては、長崎県教育委員会、及び、長崎県教育センターのホームページに公表されており、そのまますべてをダウンロードすることが可能です。
(2) 元東京工業大学教授の川喜田二郎氏が考案した創造的問題解決法で、多くの情報を処理する場合などに有効な手法です。付箋紙などを利用して情報を細かく分け、それらを実際に操作しながら整理を行うことで、問題点や解決の道筋が導き出しやすくなります。
(3) ここに示した考えの実証を試みた実践を、平成11年度長崎県教育論文「自閉の子どもたちへの支援を考える」としてまとめました。実践は、パターンが崩れるとさまざまな場面で爆発的なパニックを起こしていた中学2年の自閉症の子どもに対して、第1章で述べた子ども理解にもとづき、注としてあげたような考えのもと、担任の先生と協力して支援を行ったものです。支援の結果ですが、その子どもは、日課の変更などを落ち着いて受け入れることができるようになり、パニックをまったく起こさず、さまざまな学習ができるようになりました。

第3章

子ども理解についての話

　子ども理解にかかわる悩みを解決したいという思いで、ここまで話をしてきました。この第3章では、後から補足する形になるかもしれませんが、子ども理解の重要性や方法などの話をしたいと思います。

１．現状と願い

子ども理解の現状

　現在、発達障害がある子どもたちに関する研修会が多数開催され、指導書も多数発行されています。それらの研修会や指導書では、一般的に、ＡＤＨＤ、高機能自閉症・アスペルガー症候群の子どもたちに関して、脳に何らかの要因による機能不全があるから特徴的な行動の障害が起こると解説され、特徴的な行動が具体的に示されます。そして、その後で、有効な手技・手法などについて詳しく示されます。

　通常学級で頑張っている先生方の多くは、これらの研修会に参加したり、指導書を読んだりして自主的に勉強されています。特別支援学校のコーディネーターとして小・中学校などで開催される自主

的な研修会などに参加すると、それらの子どもたちの行動特性や障害の特性に応じた有効な手技・手法などをよく勉強されていると感じます。また、脳に何らかの要因による機能不全があることもよくご存知であると思います。

このように、先生方（あるいは、保護者の方々）はよく勉強されていると感じます。しかし、一方で、「目の前の子どもが何を考えているのか分からない、あるいは、なぜ、そのように考えたり、行動したりするのか分からない」というような戸惑いが、依然解消されずにあるとも強く感じるのです。そして、その戸惑いのために、ＡＤＨＤ、高機能自閉症・アスペルガー症候群の子どもたちとかかわることに、躊躇する気持ちが生じていると感じます。

言い換えれば、ＡＤＨＤ、高機能自閉症・アスペルガー症候群の子どもたちとかかわっている先生方（あるいは、保護者の方々）の多くは、戸惑いのなかで、問題に感じる言動を障害の特性として容認しなければならないと思い、改善を目指して支援を行うことに躊躇している状態であると感じます。

２年ほど前に、「発達障害がある子どもが通常学級に在籍しているので教育相談を行ってほしい」という依頼で、ある中学校に行くことがありました。行ってみると、見てほしいと言われた子どもは、授業中に突然発言する場面が多く、また、椅子をガタガタといわせながら落ち着きなく授業を受けていました。そして、子どもたちが帰った後の相談で、授業中の発言や落ち着きのなさから発達障害があると判断していること、また、それらの言動は問題だと思うが障害の特性だから容認しなければいけないのだろう、とほとんどの先

生が、改善を目指して支援を行うことに躊躇しているということが分かりました。一つの例ですが、多くの学校で同じような現状があるのではないでしょうか。

そして、この現状は、脳に機能不全があることは分かっても、目の前の子どもたちが何を考えているのかが分からない、あるいは、どうしてそのような言動をとるのかが分からないなど、「子どものことが理解できない」という戸惑いに端を発したものであると思います。そうであるならば、その戸惑いを解決しなければならないと思うのです。

本書にかけた願い

私は、知的障害の特別支援学校において理解しがたい言動をとる自閉症の子どもたちが、脳に何らかの要因による機能不全があることを20年以上前に知りました＊。しかし、それだけではさまざまな行動の障害を起こす自閉症の子どもたちのことを、自分なりに納得できる解釈で理解することはできませんでした。

そこで、さまざまな問題行動に直面するたびに、「脳に機能不全がある」ことを、どのように解釈すればよいかを考え、自閉症の子どもたち一人一人と向き合ってきました。そして、第1章でまとめたような解釈ができるようになってから、自閉症の子どもたちと向き

＊当時は脳の機能や認知過程に障害があると表現されていましたが、現在は脳（中枢神経系）に何らかの要因による機能不全があると表現されていますので、表現を統一しました。

合うことが楽しくなり、躊躇せずにいろいろと試しながらかかわることができるようになりました。また、その「脳の機能不全についての理解」にもとづき、いろいろ試しながら支援を行い、問題行動等の改善が速やかに図れるようにもなりました。

子どもたちは一人一人違います。似たような子どもたちがいたとしても、似ているだけで同じということはありません。私は、たくさんの自閉症の子どもたちとかかわってきました。彼らは、似たような思考・行動パターンを持ちますが、まったく同じといえる子どもは一人もいませんでした。

「一人一人の子どもの理解」は、一人一人の子どもとの失敗や成功のやりとりを繰り返して成立していきます。第2章で引用した、「居残りの指示でパニックになった子ども」の事例でいえば、「脳の機能に不全があるから『ちょっと、残ってね』と指示したら泣き出してパニックになる」と理解すれば、居残りの指示は出せなくなります。しかし、「脳の統合処理機能に不全があるから」というように理解できれば、これまでの経験が統合的に処理されていないなら、「ちょっと」を、「何をして、何時までと具体的に言ってみたらどうだろう」と、明るい気持ちで失敗を次に生かし、次の場面でも、居残りの指示を出すことができます。私自身、「脳の統合処理機能に不全があるのだろう」と理解するようになってから、いろいろと試行錯誤できるようになり、その試行錯誤を繰り返して、一人一人の自閉症の子どもの思考や行動等が理解できるようになり、躊躇せずにかかわれるようになりました。小・中学校の先生方や保護者の方々も、子どもたちと向き合うことを楽しみ、失敗や成功のやりとりを繰り返し

行いながら、子どもたちのことをもっともっと理解したいのではないかと思うのです。

　脳のなかは未だにブラックボックスの部分が多く、ＡＤＨＤ、高機能自閉症・アスペルガー症候群の原因については、「脳に何らかの要因による機能不全がある」としか表現できません。しかし、「それだけではよく分からない、もっと分かりやすく説明してほしい」そのような思いが、先生方や保護者の方々にあるのではないかと感じています。ですから、経験にもとづく解釈を加えて、「脳の機能不全をどのように理解すればよいか」の解説を試みました。「脳に機能不全がある」ということを分かりやすく解説することで、先生方や保護者の方々の戸惑いが少しは解消できると考えたのです。そして、先生方や保護者の方々が、躊躇せずに子どもたちとかかわれるようになるとも考えたのです。

　「単独処理機能」や「統合処理機能」という言葉は、本書で初めて使う言葉です。専門的にそのような表現はありません。使った私自身も、知的障害の特別支援学校で、自閉症の子どもたちのことだけ考えていればよかったときには、このような表現を思いつきもしませんでした。しかし、特別支援学校の地域支援として、教育相談を数多く受けるようになってから、分かりやすい表現はないかと一生懸命に考えました。そして、本書をまとめるにあたって、「単独処理機能」と「統合処理機能」という言葉で表現しました。

　具体的な支援の方法を理解されるとともに、「子どもたちの考え方や思考のあり様も理解してほしい」、そのような思いが強く、少し大胆な解釈かもしれませんが、第１章で「脳の機能不全についての話」

をまとめました。ただし、脳のなかは未だにブラックボックスの部分が多いものです。私が語った話は一つの見方として理解していただき、一人一人の子どもたちとのやりとりを繰り返しながら、先生方や保護者の方々が、自分なりの理解を深めていってほしい。それが本書にかけた願いです。

2. 子ども理解について

前項で述べたように、「子どものことを理解できる」ということが、とても大切であると私は考えています。また、そのために重要だと考えることもあります。そこで、「子ども理解」に関することを三つの視点から語ってみたいと思います。

子ども理解の重要性と限界

(1) 子ども理解の重要性

教育においては、たくさんの子どもたちがいます。それを支援する先生もたくさんいます。そして、一人一人の子どものことを、一人一人の先生が、自分なりに納得のいく解釈で「分かった！」という理解が行えると、その理解にもとづいて支援の方向性を定めることができます。そして、子どもたちと明るい気持ちで向き合い、いろいろと試しながら具体的な支援の方法を見つけていくことができるようになります。この一連の過程が望ましい教育のあり様であり、教育活動の出発点は、まさしく「子ども理解」と言えます。

そして、教育での子ども理解は、子どもたち一人一人の長所を見

つけるだけでなく、子どもたちのつまずきについての理解が特に重要になります。例えば、算数の問題を間違うA君がいたとします。そのとき先生は、A君はなぜ間違ったのかを分かろうと努めます。また、授業中によく集中力がなくなってしまうB君がいたとします。そのときも、B君はなぜ集中力がなくなってしまうのかを分かろうと努めます。

どうして、分かろうと努めるのか、それは、A君がなぜ間違ったのかを、机間巡視を行いノートに書き込まれた計算式のなかから見つけ出せれば、どのように教えれば良いかの方向性が定められるからです。また、家庭生活調査を行うなどして、B君は朝寝坊で朝食を食べない習慣があることなどが分かれば、食育の充実を図るという方向性が定められるからです。

このように、教育というものは「子ども理解」から始まります。そして、先生方は、誰に教えられるでもなくそのことをよく知っているから、懸命になって、子どもたちのことを理解しようと努めます。

また、子育てにおいても、教育と状況が少し異なりますが、子ども理解が重要なことは教育と同じです。少し異なる状況とは、保護者、そのなかでも特にお母さんは、お腹のなかにいるときからその子どものことを感じているし、子どものすべてにかかわっているので子どものすべてを理解しているということです。ただし、子どもはあるときから、保護者の知らないところで、他の子どもたちや大人たちとの関係のなかで成長を始めます。その時点から、保護者の方は、我が子の話をしっかり聞いたり、表情や様子をしっかり見た

りして分かろうと努めることになります。それまでは、努力の必要がない「子ども理解」ですが、子どもが外の世界で過ごすことが多くなると、我が子を理解することに努力が必要になってきます。私は、四人の子どもの父親ですが、仕事で一緒に過ごす時間が少ない分、母親よりは子どもを理解することに努力を要しました。

このように、教育と若干異なる点はありますが、子育てというものについても、「子ども理解」がその出発点であることは理解していただけると思います。

(2) 子ども理解の限界

先に述べたように、子どもと向き合う出発点ともいえる「子ども理解」ですが、一つの限界があります。それは、理解する側の先生や保護者の方が体験したり、見たり聞いたり、あるいは、本で読んだりして推測・想像できる範疇にあることは理解できますが、それらを結びつけても推測・想像できない範疇にあるものは理解できないという限界です。子ども理解は、理解する側の大人がもっている知見の（大きさの）なかでしか成立しないという限界です。

かつて、「食育」という発想が一般的ではなかった時代、B君のような子どもたちは、授業に対する興味・関心がないとか、性格的なものであるとかいうように理解されていました。これは、食育という発想が一般的でなかったことから仕方ないことなのですが、当然、そのような子どもたちは間違った理解のなかで、間違った支援を受け、よりよく改善することはなかったと思います。また、原因になるものが見つからなかった場合には、先生方（あるいは、保護者の

方）はどうしてよいか戸惑ったはずです。ただし、教育や子育ての
すばらしいところは、そのような事例のなかから、誰かが朝食との
関係に気づくことです。そして、今の、学校と家庭が協力した食育
の充実につながってきたことです。

　つまり、「子ども理解」は、理解する側の大人がもっている知見の
なかでしか成立しないのですが、B君と食育の関係のように、大人
の知見が広がったり深まったりすることで、子ども理解が成立す
ることがあります。発達障害がある子どもたちについても、大人の知
見が広がったり深まったりすれば、「子ども理解」が成立し、躊躇せ
ずに支援ができるようになると考えます。

同質なものとしての理解

(1) 感覚的に理解する

　文化や習慣、あるいは、行動規範など、自分たちとは違う異質
（や特殊）なものを理解するときには、長い時間や莫大なエネルギー
を必要とします。また、そのため、異質（や特殊）なものを理解し
ようとすることには、少なからず戸惑いや躊躇する気持ちが生じま
す。特に、日本は、長い間、単一民族国家として成立していますの
で、日本人にはこの傾向が強いと思います。

　私は仏教徒ですが、例えば、隣に家を建てて引っ越してきた人が、
どこか違う国で生まれた別の宗教（欧米やキリスト教についてはそ
れなりに理解できると思うので、それ以外の国や宗教をイメージし
てください）の人であったとしたら、生涯つき合う隣人として理解
することに躊躇する気持ちが生じると思います。それは、その人を

隣人として理解するためには、宗教的な思想や実際の宗教儀式、あるいは、その母国の歴史のことなど、さまざまなことを理解する必要があると思うからです。そして、つきあい始めても、本当にその人のことを理解できるためには、先にあげたものなどへのそれなりの理解が必要になり、長い時間や莫大なエネルギーがかかることでしょう。

しかし、隣に引っ越してきた人が東北出身の日本人であったら、九州弁と東北弁に違いを感じても、躊躇することなく理解しよう、理解できるという気持ちになると思います。また、実際も、それほど長い時間をかけずに、その人のことが理解できるとも思います。それは、自分と同じ地方で育った人ではないけれど、同じ国語で育ち、文化的背景も同じ日本人として、<u>同質、あるいは、同質の延長線上にいる人として、理屈ではなく感覚的に受け止めている</u>からだと思います。

変な例えと思われるでしょうが、この例えをとおして表現したかった下線部のことが、私はとても重要であると思っています。そして、下線部のことに思いが及んだとき、私が第1章で語った、「脳の機能不全についての話」は私のなかで完成しました。このことについて、段を変え、もう少し説明を加えたいと思います。

(2) 知的障害の子どもたちの理解

特別支援学校のコーディネーターとして地域支援の依頼を受け、通常学級に出かけて行く機会が増えました。そして、行って驚くのは、就学指導のあり方の変化や認定就学制度の導入によってでしょ

うが、知的障害がある子どもたちが通常学級に多数在籍している事実です。私が教員になった26年前なら、知的障害の特別支援学校、もしくは、特別支援学級に在籍していたような子どもたちがたくさん通常学級にいるのです。しかし、支援を依頼される対象児は、ほとんどその子どもたちではありません。学習の様子やノートの記述などを見た限り、「軽い」とは表現できないほどに知的障害がある子どもたちは、学業の不振はあっても、それほど問題とは思われず通常学級のなかで過ごしています。

　どうしてなのか、それは、担任の先生方が、感覚的に、異質（や特殊）とは思わないでそれらの子どもたちにかかわっているからだろうと思います。つまり、勉強ができない・分からないということは、ほとんどの先生方の身の上にもかつて起こったことでしょう。また、勉強ができない子どもたちを多数教えられてきた経験もあるでしょう。さらに、知的発達に遅れがあり、受け持った学年や年齢的に考えるととても幼いけれど、下の学年や幼児期のある段階と理解すれば彼らの思考・行動は納得がいくのでしょう。

　つまり、自分たちの周りにいる人たちと同質、あるいは、その延長線上に、知的障害がある子どもたちがいることを感覚的に分かるから、躊躇なくかかわることができていると思うのです。そして、より多くかかわることで、それらの子どもたち一人一人の理解を深めていくことができているのではないかと思うのです。だから、それほど問題とは思われず通常学級のなかで過ごしているのではないかと考えます。

(3) 脳に機能不全がある子どもたちの理解

　さて、知的障害がある子どもたちについては、前段で述べたように、同質、あるいは、同質の延長線上にいる子どもであると、<u>理屈ではなく感覚的に受け止めている</u>現状があります。

　しかし、発達障害がある子どもたち、そのなかでも、ＡＤＨＤ、高機能自閉症・アスペルガー症候群の子どもたちはどうでしょう。「何を考えているのか分からない」、あるいは「どうしてそのように考え、行動するのかが分からない」問題と感じる言動に直面するたびに、そのような思いを繰り返すなかで、先生方には、先にあげた別の国の別の宗教の人ほどではないにしても、何となく「異質（や特殊）な子どもたち」というイメージができあがっているのではないでしょうか。また、保護者の方々も、自分の子どもながら、「何を考えているのかよく分からない」という思いを繰り返すなかで、自分の子どもは、「他の子どもたちと違う」というようなイメージができあがっているのではないでしょうか。もちろん、障害があることを知り、よく勉強されてきた保護者の方々や先生方には、そのようなイメージはないと思います。

　よく勉強されてきた方々が理解されているように、彼らは、決して異質（や特殊）な子どもたちではありません。私たちの周りにいるごく普通の人たちや子どもたちの延長線上に、ＡＤＨＤ、高機能自閉症・アスペルガー症候群の子どもたちがいます。

　当たり前のことですが、より多くかかわることで一人一人の子ども理解が深まります。ＡＤＨＤ、高機能自閉症・アスペルガー症候群の子どもたちに躊躇なくかかわり、より深く理解するうえで、異

質(や特殊)な子どもたちというイメージは拭い去らねばいけません。私たちの周りにいるごく普通の人たちや子どもたちの延長線上にADHD、高機能自閉症・アスペルガー症候群の子どもたちがいることを、理屈ではなく感覚的に分かる必要があります。

ADHD、高機能自閉症・アスペルガー症候群の子どもたちは障害があり、一般的な人たちや子どもたちとはまったく違うという発想のなかでは、彼らの理解はなかなか進まないと思います。私は、一般的な人間理解・子ども理解の延長線上にADHD、高機能自閉症・アスペルガー症候群の子どもたちの姿が見えてきたとき、彼らに対する本当の理解が成立するのではないかと思っています。

子ども理解の方法

子ども理解の大切さや限界、及び、発達障害がある子どもたちに対する一般的なイメージなどについて語ってきましたが、この項では、子どもたちを理解するために有効な一つの方法について語ってみたいと思います。

(1) S—O—R理論にもとづく理解

「教育に最も大切なものは、子どもたちへの愛情である。そして、子どもたちの成長を支えるために最も必要なことは、科学的な視点と確かな手法をもつことである」と私は考えます。そのため、若い頃より、科学的な教育のあり方を模索し続けてきました。そして、40歳をはさんだ6年間、長崎大学教育学部附属養護学校(現在の附属特別支援学校)に勤務し、そのうちの4年間、同学部の心理学教

室主任教授である宮崎正明氏が学校長として在職され、心理学という見地から、貴重なご教示を数え切れぬほどいただきました。ここでする話は、宮崎教授のご教示を受けながら、自分自身の実践のあり方として整理できた内容にもとづくものです。

耳慣れない言葉かもしれませんが、S—O—R理論というものは、アメリカの心理学者であるC．L．ハルが、著書『行動の原理』(能見義博・岡本栄一訳、誠信書房、1960年)のなかで示した学習理論です。この学習理論は、皆さんがよくご存知のパブロフが示したS—R理論(例えば、梅干という刺激に対して、唾液が出るといった一定の反応が現れるという理論のことです)に対して、「刺激Sに対し、その人の思考や判断、意欲等の内面Oを経て、反応Rが現れる(S→O→R)」と立論します。

この理論をもとに、私は「刺激に対して現れる反応は、時や場所などの違いによって異なる。しかし、内面とは子どもたち一人一人に固有のものであり、刺激と反応の関係を明らかにすることで、子どもたちの内面を科学的にとらえることができる」と考えます。そして、次の3つの過程を大切にしながら、日々の教育実践に取り組んでいます。

過程①：刺激や課題などに対して現れた反応を明らかにすることを持続的・反復的に行って、内面をとらえる。

思考や判断、意欲といった内面は目に見えません。しかし、現れ

た反応を見逃さないこと、そして、現れた反応と刺激や課題などの関係を一つずつ明らかにしていくことを続けていけば、必ずそこに、一定の規則性が見つかり、子どもたちの内面を推察できるはずです。また、次の場面における刺激や課題などと現れた反応の関係から、推察した内面に必要な修正を加えるという作業を幾度となく繰り返していけば、子どもたちの内面を科学的にとらえることができるようになると考えます。

> 過程②：内面に応じた刺激や課題などが用意できるようになり、望む反応が現れるようになる。

　私たち教師は、子どもたち一人一人に応じた適切な刺激や課題などを用意しようと日々努力しています。教育の前提ともいえるこのことを踏まえると、過程①で、子どもたちの内面を科学的にとらえることができたら、子どもたち一人一人の内面に応じた適切な刺激や課題などを用意できるようになり、望む反応が現れるようになると考えます。

> 過程③：望む反応が繰り返し現れるようになり、内面が望ましく変容する。

　子どもたちは課題を成し遂げたとき、満足感や成就感などを味わいます。そして、満足感や成就感などを繰り返し味わいながら学習を続けていけば、子どもたちの内面は、「それを成し遂げよう」とい

うように望ましく変容していくと考えます。

　以上が、S—O—R理論を生かした私の教育実践の概略ですが、本書で語ってきた話は、このS—O—R理論を生かした「子ども理解論」とも言えます。

　私は、数多くの自閉症の子どもたちとのかかわりのなかで、現れた反応を見逃さず、現れた反応と刺激や課題等の関係を一つずつ明らかにすることを続けてきて、第1章で語ったように彼らを理解しました。つまり、第1章で語った話は、S—O—R理論をもとに子どもたちとかかわってきて、私が見つけた一定の規則性であり、推察できた内面ということになります。

　そして、このことから、子どもたちを理解するために有効な一つの方法として、次のことを皆さんにお伝えしたいと思います。

　それは、自分はどんな意図をもって何をするのか（刺激）を明確にして子どもにかかわり、子どもの言動（反応）をしっかり見ていけば、子どもが考えたことやしようとしたこと（内面）が、いつか、必ず分かるということです。

(2) 一太郎とWordの話

　ちょっと話題を変え、S—O—R理論を生かした実践例として、一太郎とWordの話をしてみたいと思います。

　学校の先生やパソコンを使う保護者の方の多くが文書作成ソフトとして一太郎を使っていると思います。そして、一太郎を使う方々は、同じ文書作成ソフトであるWordに対して苦手意識をもつ場合が多いようです。しかし、私は、一太郎を使っていますが、Wordに対

して苦手意識をもっていません。というより、前任者が残してくれた文書のスタイルを生かし、一太郎とWordの両方を使っています。

　10年ほど前、教務主任を引き継ぐことになりました。教務部が出す文書が大変多い学校で、前任者はWordでそれらの文書を作っていました。毎日、Word文書とのにらめっこです。Wordは、一行の文字数を勝手に変えます。一行の文字が一つ増えただけで、三つ程度の文字が次の行に行き、レイアウトがめちゃくちゃになることも少なくありません。さまざまな文書を作成し、「これでよいか？」と上司に伺いをたてる度にその部分を指摘されました。一太郎を使う方々が、Wordに対して苦手意識をもつ主な要因です。

　しかし、毎日Word文書とにらめっこしながら、何を入力したら、どのようになったという関係をいくつも明らかにしていくと、あるときから、Wordの考え方が分かるようになりました。つまり、一太郎は、原稿用紙に書く日本語、Wordはレポート用紙に書く英語だと私は理解したのです。例えば、原稿用紙に書く場合、行くという日本語は、行末に「行」、次の行頭に「く」が来ても変ではありません。しかし、レポート用紙に書く場合、ＧＯという単語を、行末に「Ｇ」、次の行頭に「Ｏ」と書くことは絶対にありません。上の行に詰めてＧＯを書くか、上の行は余白にして下の行にＧＯを書くかのどちらかです。

　そのことに気づいてから、すなわち、Wordの考え方が理解できてから、前任者の残した文書スタイルに沿って両方を使いながら仕事をするようになりました。Wordでさまざまな機能を使ってすばやく文書を作れるようにもなりました。

変な例えと思われたかもしれませんが、一太郎を使っている方々が、Wordに対して感じているものと同じような苦手意識が、ＡＤＨＤ、高機能自閉症・アスペルガー症候群の子どもたちに対してあるのではないでしょうか。

私は、Wordの考え方が理解できたと思えたらWordに対する苦手意識がなくなりました。そして、原稿用紙にない利点を生かせるようになりました。ＡＤＨＤ、高機能自閉症・アスペルガー症候群の子どもたちに対しても同様のことが言えると思います。そのことを伝えたくて、一太郎とWordの話をしました。

(3) まとめ

集団で生活するためには、集団の構成員として守らなければいけない最低限のルールがあります。それは、学校も家庭も同じです。最低限のルールと思うことを教えることができないと思ったら、子どもたちと明るい気持ちで向き合い、いろいろ試しながら支援を行うことなどできません。特別支援学校のコーディネーターとして教育相談を受けると、発達障害がある子どもたちと向き合っている先生方の多くが、「障害の特性として、問題になる言動を容認しなければならないと判断している。そして、他の子どもたちと同じように落ち着いて授業に参加してほしいと願い、必要な支援を行うことに躊躇する気持ちがある」と実感します。

第１章でＡＤＨＤ、高機能自閉症・アスペルガー症候群の子どもたちを理解するために必要と思う一つの考え方を示しました。彼らが、私たちの周りにいるごく普通の人たちや子どもたちの延長線上

にいることも語ってきました。第2章で具体的な支援のポイントも示してみました。

彼らのことを理解し、躊躇なくかかわり、躊躇なくかかわることで、彼らのことをもっともっと理解していく、そのような展開を何よりも願っています。

3．脳を進化論的に考える

本書の最後にする話は、知的障害はないけれど脳に機能不全があるといわれる子どもたちの教育相談を受けるようになってから、どんな風に説明すれば良いかを考え続けるなかで、あるとき、ふっと浮かんだ考えをまとめたものです。いつか教育相談の場でしたいと思いながら、進化論というあまりに大きい視点で発想していることもあり、今まで教育相談等の場で話したことはありません。

「ADHD、高機能自閉症・アスペルガー症候群の子どもたちを見る目が変わる」ことを願ってまとめようと思いますが、そのような話であることを踏まえて「読み物」として気楽な気持ちで読んでください。

進化する脳

人間は生物である以上、ダーウィンの進化論に沿った進化を遂げているはずです。ダーウィンの進化論については、今さら説明の必要はないと思いますが、生物は環境に合わせて必要な機能を進化させるという論です。

脳に限っていえば、私たちの祖先が、原人や旧人から進化してホモ・サピエンスと呼ばれるようになった頃、あるいは、人類として黄河やインダス川流域に文明を作り出した頃、脳の機能はもっと単純であったと私は思います。そして、生活環境の複雑化とともに、それに合わせるように、脳も進化してきたとも思います。日本でいえば、縄文期以前の人より縄文時代の人、縄文時代の人よりは弥生時代の人が脳の機能は進化していたと思いますし、卑弥呼の時代や奈良・平安京といった時代の人よりは、現代の人たちがもっと進化していると考えます。

すなわち、身体の一部である脳は、生活環境に合わせて進化する力を内在しているはずです。そして、地域支援や教育相談の場で、脳の力を単独処理機能と統合処理機能に分けて説明するようになってから、あるとき、ふっと、脳の進化の方向性にも二つの方向があるのではないかと思いました。それは、単独処理機能の力をより高めようとする進化の方向性と、統合処理機能の力をより高めようとする進化の方向性です。

狩猟型脳としての進化

狩猟生活においては、獲物を捕る力が何より価値あるものとして認められます。そして、獲物を捕る力を考えるとき、獲物を見つけたという刺激に、脳のある部分や部位が瞬時に反応することが必要であると思います。過去の経験などのさまざまな情報をもとに知恵をめぐらせることは必要ですが、基本的には、獲物を見つけたら瞬時に対応する力が何より必要になると考えます。獲物を見つけて、

この獲物はどういう料理にして食べようとか、半分は保存しておこうとか、あの人にお世話になったからこれだけ差し上げようなどと、狩りと直接関係ないことを悠長に考えていては、獲物が逃げてしまうからです。そのように考えると、狩猟型の生活に必要な脳の力とは、情報処理に必要な部分や部位だけを瞬時に機能させる力、すなわち、単独処理機能の力が高いことではないかと思います。

　欧米は、基本的に狩猟民族と言われています。欧米に行ったことがなく、欧米人の友人もいない私ですので、映画や小説の世界から推測することですが、欧米では、何でも良いから一つの才能があればその人は社会的に優れた人であると評価されるようです。一つの例ですが、米国には、自分で身辺処理ができない、自閉症の大学教授（家紋などを研究する紋章学）がいると聞いたことがあります。

　単独処理機能の力が高い脳は、興味・関心のあることに全力を注げば、一つの才能を開花させることができると思われます。また、逆説的ですが、興味・関心のあることに全力を注いで一つの才能を開花させようとすれば、単独処理機能の力が高まっていくはずです。そして、何か一つ得意とするものがあればそれでよいと認められるような社会では、人々は、興味・関心のあることに全力を注いで一つの才能を開花させようとするはずです。結果的に、社会全体が単独処理機能の力が高い人たちで構成された社会になるのではないかと思います。

　そして、単独処理機能の力が高い人が多いと思えば、映画や小説であらわされる欧米社会のさまざまな特徴が理解できるような気がします。また、欧米の人たちが、ドライなものの考え方、あるいは、

合理的なものの考え方をするということも、いろいろなしがらみ（情報）を統合的に処理せず、一つの物事は、一つの物事として的確に処理しようとする脳の機能として理解できるような気もします。

このように、一つの才能があると生きていきやすい（と思われる）欧米社会の特徴や物事に対する発想は、狩猟型脳の進化として、単独処理機能の力を高めようとする進化の力が作用しているのではないかと思うのです。

農耕型脳としての進化

一方、農耕生活においては、人とうまくつき合うということが特に価値あるものとして認められます。農耕とは、一定の場所に一定の人たちと定住し、共同で作業することが基本ですから、仲良く暮らし、仲良く働くということが重要になります。また、農耕においては、過去の経験をもとに今をじっくり考えることも重要になります。狩猟における獲物のように突然やってくるわけではなく、季節ごとに繰り返す単調な作業に、過去の経験をいかに生かすかが重要になるからです。そのため、稲の苗を一時間に何本植えられるかというような技能より、みんなと仲良く作業できるか、あるいは、過去の経験をうまく生かせるかということが重要視されます。短時間で田植えを終えるなど、単独処理機能が必要になる場面も少なくはありませんが、何を植えるか、どのように管理するか、収穫はいつするかなどに、過去の経験を生かしながら、みんなで仲良くじっくり取り組むことが重要になります。

そして、いつも顔を合わせ、共に働き、共に泣いたり笑ったりす

る農耕生活、あるいは、季節ごとに単調に繰り返される農耕生活において特に重要になることは、相手の感情・心情を理解し、場の状況を読む力ではないでしょうか。また、過去の経験を今に生かす力ではないでしょうか。第2章で解説したように、相手の感情・心情を理解し、場の状況を読むことは、統合処理機能の力が必要になると考えます。また、過去の経験を今に生かすことにも統合処理機能の力が必要になると考えます。そのように考えると、農耕型の生活に必要な脳の力とは、いろいろな情報を組み合わせて処理する力、すなわち、統合処理機能の力が高いことではないかと思います。

　日本人は典型的な農耕民族です。日本は、一つの才能があっても、人と仲良くできない人はなかなか認められにくい社会です。また、仕事に関しても、たとえ平凡であったりどこかの真似であったりしても、みんなで取り組む仕事の方が、一人の創造的・先駆的な仕事より価値が高いと評価される傾向があります。

　統合処理機能の力が高い脳は、相手の感情・心情を細やかに理解し、場の状況を読みながら集団のなかで充実した生活を送れます。また、過去のいろいろな経験も今に生かしていくことができます。そして、逆説的ですが、相手の感情・心情を理解し、場の状況を読もうとすれば、あるいは、過去のいろいろな経験を生かそうとすれば、統合処理機能の力が高まっていくはずです。結果的に、社会全体が統合処理機能の力が高い人たちで構成された社会になるのではないかと思います。

　そして、統合処理機能の力が高い人たちが多いと思えば、日本社会のさまざまな特徴が理解できるような気がします。また、日本人

が義理・人情を大切にし、いろいろなしがらみ（情報）や過去の慣習（情報）のなかで、どのようにでも解釈できる玉虫色や断定しない灰色の解決策をとりたがることも理解できる気がします。

　このように、集団や共同、あるいは、過去の知恵などを大切にする日本社会の特徴や物事に対する発想は、農耕型脳の進化として、統合処理機能の力を高めようとする進化の力が作用しているのではないかと思うのです。

統合処理機能の不全は障害？

　さて、ＡＤＨＤ、高機能自閉症・アスペルガー症候群の子どもたちに話を戻しますが、彼らは脳の統合処理機能に不全があるということでこれまでの話を進めてきました。しかし、この項で話したことを考えると、彼らの脳は、狩猟型脳として説明できる気がするのです。つまり、障害という概念でなく、進化の方向として単独処理機能の力を高めようとした脳であると説明できるのではないかと思うのです。

　日本人すべてが農耕をしてきたわけではありません。猟師や山師のように、単独処理機能の力が高いことが求められる環境で生きてきた人たちも多数いました。また、農耕を始める前は、狩猟生活をしていたはずです。そのようなＤＮＡが日本人（日本人ばかりでなく、あらゆる国や地域の人たち）のなかに流れているはずです。そのようなＤＮＡが強く作用したとき、単独処理機能の力が高い脳が生まれるのではないかと思うのです。

　そして、単独処理機能の力が高い脳、逆説的に言えば、統合処理

機能の力があまり高くない脳は悪い脳かというとそうではありません。欧米の人たちは基本的にそのような脳ではないかと先に述べましたので、欧米の人たちを非難することにもつながります。単独処理機能の力が高い脳は、偉大な発明・発見を行ってきました。ニュートンの万有引力、アインシュタインの相対性理論、エジソンの電球、モーツァルトやバッハのすばらしい音楽、ピカソの絵、また、蒸気機関や自動車、飛行機、原子力などなど、あげていけばきりがありません。一つの物事は、一つの物事として的確に処理する単独処理機能の力が高いことでできた発明・発見・業績だと思います。

　また、日本の歴史のなかにも、単独処理機能の力が高かったのではないかと思う人がいます。それは、戦国の武将、織田信長です。父の葬儀に非常識な格好で姿を現した（真偽は不明です）ことや、宗教的聖地である比叡山を焼き払ったことなどは、常識や過去の慣習、迷信などさまざまな情報を統合的に考えてしまうとできにくい思考・行動ではないかと思えます。つまり、信長の思考・行動は、「勝つためにはどうすればよいか」ということだけが、すごい質と量で単独的に処理され、戦と直接関係のない情報（常識や慣習、しがらみや迷信、あるいは、部下をどう処遇するかなど）は処理されていないように思えるのです。そのため、本人はまったく気づいていませんが、しがらみや過去の慣習などを大切にする一般的な日本人タイプと思われる明智光秀や浅井長政など、いろいろな人たちとの社会性の成立に困難があったと思います。しかし、戦国という混乱の世の中を治めるためには、一般的な日本人のようにしがらみや迷信といったさまざまな情報に縛られる脳ではなく、それらを統合的

に処理しない、単独処理機能の力が優れた脳が必要だったと思います。

そして、結論になりますが、ADHD、高機能自閉症・アスペルガー症候群の子どもたちの脳は、そのような脳に近いのではないでしょうか。そして、そのように思うと、「障害」という概念で彼らをとらえることに疑問を感じるのです。

ADHD、高機能自閉症・アスペルガー症候群の定義は、アメリカ精神医学会の診断基準（DSM）を参考にしています。また、その概念もカナーやアスペルガーなどの米国人やウィングという英国人によって提唱されたものです。欧米は、狩猟型脳の例としてあげた国々であり、個人主義・成果主義等の徹底具合から考えて、もともと単独処理機能の力が高い人たちが多いと思います。ですから、欧米の専門家が、ADHD、高機能自閉症・アスペルガー症候群と判断するのは、単独処理機能の力が高い人たちが多い社会でも受け入れがたいほどに単独処理機能の力に偏った人ではないかと考えます。日本の専門家が、ADHD、高機能自閉症・アスペルガー症候群ではないかなと疑う程度の人は、欧米の専門家にとっては、「そんな人、どこにでもいるじゃない」と言いたくなるような人ではないかと思うことがあります。

前に述べましたが、日本は統合処理機能の力が高い人たちが多い社会であると思います。多くの人がそうであるから、統合処理機能の力が少し低いだけで問題視する傾向があるのではないかとも思います。

「統合処理機能の力がちょっと低くても、単独処理機能の力が高く

て、いろんなことができる可能性を秘めた人」、そんな風に彼らが理解される日がくることを願います。

引用文献・参考図書

『特別支援教育の在り方に関する調査研究協力者会議最終報告』2003年
『学習障害及びこれに類似する学習上の困難を有する児童生徒の指導方法に関する調査研究協力者会議報告』2001年
長崎県教育委員会『特別な教育的支援を必要とする子どものサポートマニュアル』2005年
時実利彦『脳の話』岩波新書、1962年
時実利彦『脳を育てる―知能・創造・意欲の構造―』三笠書房、1985年
角田忠信『右脳と左脳』小学館、1982年
角田忠信『日本人の脳』大修館書店、1978年
佐々木正美『自閉症児の学習指導―脳機能の統合訓練をめざして―』学習研究社、1980年
佐々木正美『自閉症療育ハンドブックＴＥＡＣＣＨプログラムに学ぶ』学習研究社、1993年
坂本龍生『感覚統合法の理論と実践』学習研究社、1985年
『感覚統合研究 第1集』日本感覚統合障害研究、共同医書出版社、1984年
尾崎洋一郎他『学習障害（ＬＤ）及びその周辺の子どもたち』同成社、2000年
尾崎洋一郎他『ＡＤＨＤ及びその周辺の子どもたち』同成社、2001年
尾崎洋一郎他『高機能自閉症・アスペルガー症候群、及びその周辺の子どもたち』同成社、2005年
宮崎正明『子どもの心理』北大路出版、1986年
Ｃ．Ｌ．ハル著、能見義博・岡本栄一訳『行動の原理』誠信書房、1960年
チャールズ、ダーウィン著、八杉龍一訳『種の起源』岩波文庫、1963年
久我利孝「自閉症の子どもたちへの支援を考える―パニックを起こさず学習できるようになったＴ君の事例研究を通して―」（平成11年度長崎県教育論文）
久我利孝「Ｓ－Ｏ－Ｒ理論を生かした教育実践―科学的な教育のあり方を求めて―」（平成15年度日教弘教育論文）

あとがき

　26年前の話になりますが、6月のある日、初任者として張り切り、教材等をたくさん用意して、「ごっこ遊び」の授業を行ったことがありました。そのとき、自閉症といわれていたA君がパニックを起こし、私は、パニックを静めようと必死でA君にすがりつきました。そして、必死にすがりついてパニックが静まるのを待っていると、いつの間にか涙が溢れてきました。「こんな楽しいごっこ遊びの授業を、どうして君は嫌だと思うの？」「先生は君の考えていることが分からない。ごめんね、ごめんね……」。A君にすがりつき、理由も分からないまま涙が溢れてきた私のそのときの気持ちです。

　そのときから私は、自閉症といわれる子どもたちが、「どうして問題になる言動をとるのか」を懸命になって考え、考えたことにもとづいて支援の具体的方法を工夫してきました。今ほど、支援の具体的方法が明確に示される時代ではなかったため、私は、支援の具体的な方法を模索するとともに、自閉症といわれる子どもたちを理解することに時間をかけました。そして、実際に長い期間がかかりましたが、数多くの自閉症の子どもたちとかかわるなかで、私なりの「子ども理解」が確立し、自閉症の子どもたちと向き合うことが楽しくなり、いろいろと試しながら一人一人に応じた支援の方法を見つけることができるようになりました。

　今、特別支援教育という新たな枠組みのなかで、通常学級に在籍

するLD、ADHD、高機能自閉症・アスペルガー症候群といわれる「発達障害がある子どもたち」への支援のあり方が大きな課題になっています。そのため、多くの指導書が発行されたり、研修会が開催されたりしています。

　どうか、特性に応じた支援の方法ばかりに目を向けないでください。それらの指導書で提唱される支援の方法の背景には、それらを提唱される先生方の深い「子ども理解論」が存在します。どうか、それらの子ども理解論にも目を向けてください。子どもとかかわる第一歩は、子どもたち一人一人を理解することであるはずです。そのような思いで本書をまとめました。

　最後に、本原稿推敲にあたり親切・丁寧なご指導・ご助言を下さった長崎県立鶴南養護学校校長の尾崎洋一郎先生、本書の刊行をお引き受け下さった同成社に対して、心より感謝の意を表します。

　　　　2008年2月

　　　　　　　　　　　　　　　　　　　　　　　　久我利孝

発達障害の教育相談
理解深化への手びき

著者略歴

久我利孝（くが・としたか）

1959年　長崎県に生まれる
1981年　長崎大学教育学部卒業
同　年　長崎県立佐世保養護学校勤務
　　　　以来、県下の養護学校教諭を歴任
現　在　長崎県立諫早東養護学校小学部主事

＜主要論文＞

「遊びの考え方と方法論に関する現場からの一提言」(1997年)
「自閉症の子どもたちへの支援を考える」(1999年)
「S-O-R理論を生かした教育実践」(2003年)
「明日のために、今日一日を楽しく遊ぶ授業の実現をめざして」(2004年)

2008年3月25日　発行

著　者　久　我　利　孝
発行者　山　脇　洋　亮
組　版　㈱富士デザイン
印　刷　モリモト印刷㈱

発行所　東京都千代田区飯田橋　㈱同成社
　　　　4-4-8　東京中央ビル内
　　　　TEL　03-3239-1467　振替　00140-0-20618

ⒸKuga Toshitaka 2008. Printed in Japan
ISBN978-4-88621-430-0 C3037

===== 好評既刊 =====

特別支援教育手引き書シリーズ
【三部作】

学習障害（LD）・ADHD・高機能自閉症・アスペルガー症候群といった特別な教育的ニーズをもつ子どもたちへの対応と指導のヒントを、図と表を中心にまとめわかりやすく解説する。いままでに蓄積されてきた障害児教育のノウハウを基底に、親や教師がそれぞれの特性を正しく理解し、それぞれの特性に応じた対応をするための手引き書。

学習障害（LD）及びその周辺の子どもたち
　―特性に対する対応を考える―
尾崎洋一郎・草野和子・中村敦・池田英俊著
Ｂ５判・94頁・定価945円

ADHD及びその周辺の子どもたち
　―特性に対する対応を考える―
尾崎洋一郎・草野和子・錦戸惠子・池田英俊著
Ｂ５判・96頁・定価945円

高機能自閉症・アスペルガー症候群
及びその周辺の子どもたち
　―特性に対する対応を考える―
尾崎洋一郎・草野和子著
Ｂ５判・104頁・定価945円

===== 好評既刊 =====

ゆっくり学ぶ子のための こくご　全7冊　江口季好編

入門編①	〈表象形成、音韻形成、発声、発音〉	（72頁・1155円）
〃　　②	〈ひらがなの読み書き〉	（72頁・1155円）
本　編①	〈ひらがなのことば・文・文章の読み〉	（80頁・1365円）
〃　　②	〈かたかな・かん字の読み書き〉	（80頁・1155円）
〃　　③	〈文章を読む、作文・詩を書く〉	（80頁・ 945円）
国　語④	〈文学教材と説明文教材の読み等〉	（80頁・1155円）
国　語⑤	〈④より高いレベルを展開、英語学習も〉	（80頁・1155円）

心身障害学級・養護学校用『こくご』学習指導の展開

江口季好編　　　　　　　　　　Ａ５判・248頁・定価2625円

ゆっくり学ぶ子のための『こくご』入門編①～本編③までの教授資料。現場での実践例を中心に解説、教育現場ですぐに役立ちます。

ゆっくり学ぶ子のための さんすう　全5冊　江口季好・村上直樹編

①〈量概念の基礎的学習、比較概念の学習ほか〉　　（72頁・1155円）
②〈1対1対応の学習、5までの足し算ほか〉　　　（72頁・1155円）
③〈6～9の足し算、引き算〉　　　　　　　　　　（72頁・1155円）
④〈2桁の数の足し算、2桁の数の引き算〉　　　　（80頁・1155円）
⑤〈3桁の数の足し算、引き算、かけ算、わり算〉　（80頁・1155円）

ゆっくり学ぶ子のための さんすうドリル　全4冊

遠山真学塾編　　　　　　　　　　Ｂ５判・定価各1050円

ドリルＡ〈2桁までの足し算・引き算〉　　ドリルＣ〈かけ算〉
ドリルＢ〈3～4桁の足し算・引き算〉　　ドリルＤ〈わり算〉

━━━━━━ 好評既刊 ━━━━━━

自閉症児の国語（ことば）の教育

江口季好編　　　　　　　　　　Ａ５判・256頁・定価2625円

近年急速な増加をみせる自閉性障害の子どもたち。そうした子どもたちにいかにして言語と文章を指導するかという難題に取り組んだ初の書。全国から可能なかぎり集めた多くの実践例を紹介する。

障害児学級の学習指導計画案集
全面的な発達をめざす

江口季好著　　　　　　　　　　Ａ５判・240頁・定価2415円

第１部では、国語・算数・社会科・理科・体育・音楽・図工・家庭科・生活勉強の９科目の学習指導計画案を具体的に示し、第２部では、第１部のそれぞれに対応した指導の実践例をあげている。障害児学級のカリキュラム作製のための手引き書。

障害児学級の国語（ことば）の授業

江口季好著　　　　　　　　　　Ａ５判・256頁・定価2625円

障害児学級の国語の授業のすすめ方について、段階をおってさまざまな授業例を示し、そのあり方を説く。現場ですぐ役に立つとともに、障害児教育の歴史を知り、今後の課題を考えしむる書。

特別支援教育のさんすう
　一人ひとりの学びを支える

小笠毅編著　　　　　　　　　　Ａ５判・160頁・定価1680円

自閉症・ダウン症・発達障害など、学ぶことが困難な子どもたちにマンツーマンでさんすうを教えてきた遠山真学塾の実践ノウハウを、現場で活用してもらえるよう分かりやすく解説。